世界著名自然科学家及科普知识系列丛书

GAOSI HE TAIYANGXI ZHONG

高斯
和
太阳系中的行星

窦修德 / 主编

山西出版传媒集团
山 西 教 育 出 版 社

图书在版编目（CIP）数据

高斯和太阳系中的行星/窦修德主编. —太原：山西教育出版社，2015.7（2022.6 重印）
（世界著名自然科学家及科普知识系列丛书）
ISBN 978-7-5440-7732-3

Ⅰ. ①高… Ⅱ. ①窦… Ⅲ. ①高斯，J. C. F.（1777~1855）-生平事迹-青少年读物 ②行星-青少年读物 Ⅳ. ①K835. 166. 11-49 ②P185-49

中国版本图书馆 CIP 数据核字（2015）第 132635 号

高斯和太阳系中的行星

责任编辑 彭琼梅
复　　审 李梦燕
终　　审 潘　峰
装帧设计 薛　菲
特约设计 周　璇
印装监制 蔡　洁

出版发行 山西出版传媒集团·山西教育出版社
（太原市水西门街馒头巷 7 号　电话：0351-4729801　邮编：030002）
印　　装 北京一鑫印务有限责任公司
开　　本 670 毫米×960 毫米　1/16
印　　张 12
字　　数 109 千字
版　　次 2015 年 7 月第 1 版　2022 年 6 月第 2 次印刷
印　　数 3 001-6 000 册
书　　号 ISBN　978-7-5440-7732-3
定　　价 39. 00 元

如发现印装质量问题，影响阅读，请与印刷厂联系调换。联系电话：010-61424266

前　言

无论什么时候，浩瀚的大自然总是能带给人类无穷的遐想。为了揭示大自然的奥秘，无数科学家进行了不懈的探索。他们的智慧，是点亮青少年心中希望的璀璨明灯，指引着他们的脚步向科学的更高峰攀登。

“世界著名自然科学家及科普知识系列丛书”就是我们为青少年朋友收集的珍贵的火种。

这套丛书共5册，精选了当今具有代表性的5位著名自然科学家，从不同的方面展现了这些伟大人物的优秀品格。从他们的成功之中，我们可以发现，智慧就蕴含在我们的日常生活之中，蕴含在被我们忽视的细节之中，蕴含在刻苦钻研之中，蕴含在对大自然奥秘的追求之中。

英国生物学家、进化论的奠基人达尔文，对动植物和地质结构等进行了大量的观察和采集，并出版了《物种起源》，提出了生物进化论学说。伽利略是意大利伟大的数学家、物理学家、天文学家，他发明了摆针和温度计，确立了自由落体定律。重视实践，尤其是科学实验是英国物理学家、化学家法拉第的特点，他的电磁感应定律奠定了电磁学的基础，改变了人类文明。俄国著名化学家门捷列夫发表了世界上第一份元素周期表，他还在气体定律、气象学、石油工业、农业化学、无烟火药、度量衡等领域不同程度地做出了成绩。德国著名数学家、物理学家、天文学家、大地测量学家高斯享有“数学王子”之称，他一生成就极为丰硕，以其名字“高斯”命名的成果达110个，属数学家之最。

从上述杰出人物的成就中，我们可以看到坚守的智慧，可以看到创新的精神，可以看到信仰的力量，可以看到执着的信念。在这5册书里，相信每一位青少年都能找到一座属于自己的灯塔，都能找到最适合自己的一个方向，都会增长自己某一方面的智慧。

科普知识涵盖科学领域的各个方面，无论是物理、化学、生物等专业学科，还是我们的日常生活，无不涉及科普知识。随着全球一体化的时代发展，加强科学技术普及教育，提高民族科学素养，已成为持续增强国家创新能力和国际竞争力的基础性工程。我们在介绍这5位著名科学家的同时，罗列了他们所研究和从事领域的科普知识，就是希望通过介绍自然科学和社会科学知识，推广科学技术的应用，倡导科学方法，传播科学思想，弘扬科学精神，激发青少年朋友学科学、爱科学、用科学的热情。

感谢这5位享誉全球的科学家为我们提供了如此丰富的精神食粮，也祝福读到这套书的青少年，愿你们能够以这些科学家为榜样，不畏艰难，勇于探索，追求真理，积极献身科学事业，树立为人类谋求幸福的伟大理想。

目　　录

第一章　高斯的童年

第二章　光明时期的到来

第三章　探索新方向

第四章　辉煌的一生

科普小知识——太阳系中的行星

第一章

高斯的童年

高斯出生在一个勤劳、贫苦、和睦、朴实的家庭。高斯自幼聪明，从小就爱学习，他的舅舅腓特烈是高斯的启蒙老师。高斯 3 岁时就能帮爸爸算账，小学四年级时就会用高中的“等差数列求和法”做题，他的数学天赋很小的时候就展现出来了。

第一节　高斯的降生

18 世纪下半叶，在德国相继出现了一位又一位伟大的人物。其中一位就是后来的科学巨星——卡尔·弗里德里希·高斯。

1777 年 4 月 30 日晚，一声婴儿的啼哭划破了夜晚的寂静，小高斯顺利地降生在一个贫穷的农民家里。全家人非常高兴，孩子的到来给家人增添了许多乐趣。

小高斯的父亲曾经是一位设计喷泉的技师，能读会写，对初等算术也略有了解，后来他从事园艺工作，也打过各种各样的短工，如护堤员、自来水工、建筑工，还是个砌砖的能手。高斯的母亲聪慧善良，但不会写字，并且也几乎不会读，婚前曾在一个贵族家当过几年女仆。

小高斯就是在这样一个勤劳、贫苦、和睦、朴实的家庭里成长的。

一天傍晚，忙了一整天的父母疲惫地躺在床上，逗着快 2 岁的小高斯玩。这是他们唯一的孩子。父亲已到中年，所以格外喜欢小高斯。他看着小高斯那可爱的小脸蛋，欣赏地对妻子说："这孩子高大的鼻子、蓝色的眼睛像我，圆圆的脸蛋像你。看，多美！"

高斯的性格，似乎就是父母优点的集成：他坚强不屈，谦虚谨慎，质朴无华。高斯一生的夙愿就是不受任何干扰地、持续地进行创造性工作，这正体现了他强烈的事业心和顽强的意志力。

一天，还不满 3 岁的高斯，静悄悄地站在父亲身后，睁着一双圆圆的大眼睛看着父亲替工人叔叔们计算一周的工资。父亲没有读过书，只是对初等算术略有了解，所以计算起来有些吃力。他喃喃自语地念着数，费了九牛二虎之力，终于算了出来，不由得长舒了一口气。

当父亲刚要举笔写下钱数时，身后传来小高斯稚嫩的声音："爸爸，你算错了。钱数应该是这样的……"

父亲转过身，惊喜地望着独生儿子，儿子的表情十分认真、严肃，不像开玩笑。他的眼神好像在说："不信，爸爸再算一次。"父亲重算了一次，果然儿子说的钱数是正确的。父亲高兴地抱起小高斯吻了又吻，一股幸福的暖流涌上他的心头。

小高斯有一个舅舅，名叫腓特烈，他是一位聪明机智、勤劳勇敢、心灵手巧的织造工人。舅舅非常喜欢小高斯，自从小高斯来到这个世界，舅舅业余时间就几乎都和小高斯在一起。舅舅见多识广，经常给高斯讲各种见闻，好像脑子里装着无穷无尽的知识和故事。小高斯也特别喜欢舅舅，每次远远望见舅舅，他就丢下手中的玩具，张开小手欢快地奔向舅舅，还甜甜地喊："舅舅！舅舅！"舅舅总是高兴地抱起小外甥亲热一阵，然后便开始用生动、形象的语言，教小高斯观察、认识人和大自然，渐渐地教他识字、数数。

平时，每当讲故事的时候，舅舅都会有意识地启迪、鼓励高斯奋发学习，长大后做一个改造大自然的科学巨人。这些教育，对于高斯的父母来说，实在是爱莫能助，因为他们从来没有受过学校教育，并且为了养家糊口早出晚归，陪高斯的时间很少。父母知道孩子天资聪明，现在有了舅舅这个不站讲台的老师，也就放心了。

小高斯除了听舅舅传授知识外，平日里最爱听大人们说话。他仔细观察，认真模仿大人们的语言、动作，巩固和充实舅舅讲过的知识。

就这样，舅舅耐心地启发教育，高斯认真地勤奋学习，不知不觉间，小高斯已经学会了计算，尤其是口算。当高斯的父亲向舅舅说起高斯用心算纠正他的计算错误时，舅舅心中暗自高兴。园丁辛勤的浇灌与幼苗顽强的生命力相结合，必然会绽放出奇葩。

第二节　勤奋好学的高斯

高斯的童年生活与当时一般百姓家的孩子一样，由于贫穷，常常吃不饱饭。所以，父母为了挣钱养家，也为了能让小高斯过得更舒适些，都外出打工了。小高斯平时都以最廉价的面包、冷水填肚子，也没有换洗的衣服。

有一天，父母为了生计外出奔波，没有人照看小高斯，只好把他独自留在家里。只有 3 岁的小高斯感到孤独，便走出家门，不知不觉来到离家不远的小河边。在小孩子的眼里，玩水有无穷无尽的乐趣。好奇的小高斯一个人蹲在河边玩水，小手像个小勺一样把水舀起来往外泼，一次、两次……不幸的事情发生了，当他再一次把水往外泼的时候，由于用力过猛，脚下一滑，掉进了河里。毫不留情的河水顿时使小高斯身体渐渐往下沉，很快淹没到他的脖子，他惊慌失措，大声惊叫、哭泣，在水中拼命挣扎，手脚乱蹬乱抓。最后，水还是淹过了头，他本能地跃出水面，又沉下去，再跃出水面，又沉下去……

幸运的是，正巧河边有一位男青年路过，他听见河中有小孩的哭叫声，便沿着声音方向迅速奔跑过去，看见河中有一个小脑袋忽浮忽沉。这位青年连衣服都没来得及脱，就一个鱼跃扑向这个“小黑点”，很快地抓住小孩，把他救上岸。

小高斯被救后，不省人事。幸好这位男青年懂得一些急救方法，他提起孩子，脚朝天，头向地，将肚子中的水倒了出来，然后把孩子平放在地上进行人工呼吸。不多时，孩子苏醒了，惨白的脸渐渐有了血色，放声大哭起来。

中午，劳累了半天的父母回到家里，发现门开着，他们像平时一样呼喊小高斯的名字，却没有回音。他们走到房外大声叫喊，在周围询问寻找，却仍然不见小高斯的踪影，父母开始担心。这时，忽然看见远处有一个男青年牵着小高斯的手走来。

父母听这位青年介绍完情况后，激动地握住这位素昧平生的救命恩人的手，一再表示感谢。闻讯赶来的邻居也都称赞这位英勇救人的好青年。

穷苦的生活依然继续着，但小高斯的父母从不把贫困挂在脸上，他们只是凭借自己的双手去辛勤劳动，试图改变贫困的状况，尽管艰难的生活并没有多少改变。

舅舅腓特烈是高斯的启蒙老师，对高斯的智力发展情况非常了解。在高斯还是幼儿的时候，舅舅就发现高斯记忆力惊人，注意力集中，常常对一些新奇的符号、事物产生兴趣，并且还具有接受能力强、识字迅速、主动阅读等特点。尤其是高斯的抽象概括能力和推理能力都超过同龄儿童很多。

现在的高斯思维敏捷，求知欲强，经常提问题，而且总是要把问题弄个明白。舅舅虽然能够解答其中的一些问题，但高斯问的大多数问题已经超出了舅舅的知识水平。比如：天上到底有多少颗星星？地球为什么是圆的？为什么鸟儿会飞，鱼儿会游？为什么有了直径就能算出圆周的长度？布伦斯维克城有多大？著名的威悉河为什么从南流向北？总之，从天上的月亮、星星到地下的宝藏，从五彩缤纷的生活到为什么有穷人、富人，甚至连工程技术原理、历史、地理以及社会上的风土人情，他都一股脑儿地向舅舅提问，像老师考问学生一样，“考”得舅舅计穷力竭，有些也答不上来。因此，舅舅希望早日把高斯送进学校接受教育。在舅舅的支持与帮助下，高斯的父母终于将他送到了学校。小高斯的新生活开始了。

1784 年，7 岁的高斯像许多小孩子一样，高高兴兴地跨进了圣凯瑟琳小学的校门，开始了他的学生生涯。他在的班级有 50 多名年龄各异、基础参差不齐的学生，教授他们的老师十分称职而热心，把全部心血都投入在了教育工作上。这里的老师，不论对贵族孩子还是贫困学生，都一视同仁，他们用先辈严谨治学的精神鼓励学生，以传世业绩激励学生，用对祖国的赤诚之情和对父母的挚爱之情去教育学生，把学生的初始教育导向一条健康发展的道路，让孩子们尽可能地发挥自己的聪明才智，为科学大厦抹上一层辉煌。老师在讲课时，会插入一些小幽默、小故事，或提一些有趣的问题，这些有趣的知识犹如潇潇春雨洒向孩子们饥渴的心灵，在他们的人生白纸上抹上一笔笔绚丽色彩。教学时，老师不仅告诉孩子们要怎样做，更告诉他们为什么这样做，从而使孩子们获得打开知识大门的钥匙。上课时，小高斯特别专注，注意力最集中，始终跟着老师在知识的天空中翱翔。

高斯专心听讲，学习努力，独立思考，认真完成作业，各门功课成绩都很优秀。他对观察到的现象喜欢寻根究底，对疑难问题也不放过。他尤其喜欢琢磨一些抽象概念，不知不觉地锻炼了自己的抽象概括能力和逻辑推理能力。这样，他常常感到课堂上“吃不饱”，于是，在学好课内知识的基础上，他还到处借书看。他看见书，就像饥饿的人扑在面包上一样，如饥似渴，聚精会神地“啃”着。

高斯出生时，布伦斯维克城的统治者名叫费迪南，是一位公爵，人们又称他为布伦斯维克公爵。他曾是一位久经沙场的贵族，在普鲁士军中服役时，不畏生死，英勇杀敌，战绩辉煌，所以被升任为普鲁士将军。战争结束后，他出任布伦斯维克城的地方最高长官。他按照传统的封建方式管理他的领地，以农业为其财政收入的主要来源，并保护组织起来抵制使用纺织机械的个体织匠。由于封建式的小农经济约束了这块美丽土地的生产发展，与德国的其他地方相比，这里经济不繁荣，仍旧是贫穷落后的地区。但在教育方面，费迪南主张学龄儿童人人都要接受教育，他要求儿童都要识字并掌握一些初等算术知识，因此，使他们从小就能写会算。在当时，社会下层有天赋的儿童，要想继续深造并获得较高水平的教育，仅仅依靠连温饱问题都很难解决的父母是无法实现的，他们只有得到贵族、富商或其他有钱人的资助，才有可能实现愿望。

有一天，小高斯在放学回家的路上，一边走一边全神贯注地看书，不知不觉闯入了布伦斯维克公爵的庄园。

布伦斯维克公爵的夫人正在花园赏花，忽然看见一个小孩走进来，就轻轻地走到他面前。可小高斯完全没有察觉，仍旧边看书边走路，公爵夫人俯身和他打招呼，小高斯才发觉走错了路。夫人看到这个小孩读书这样入迷，十分喜欢，就和他攀谈起来。夫人发现这个小孩天资聪慧，思维敏捷，表达严谨，就高兴地询问了他的年龄、住址和父母亲的情况。

晚上，公爵夫人把这件事告诉了布伦斯维克公爵，公爵也感到很惊奇，想亲自考查一下，于是派人把小高斯叫来。经过考核，公爵和小高斯交上了朋友。后来，公爵一直资助高斯继续学习。

高斯从小爱读书，只要有空就读，同学们都叫他“读书迷”。他很少和别的孩子打闹、游戏，学习累了就做点力所能及的家务，使大脑得到休息。因家境贫穷，父亲为了节省灯油，晚饭后就催促高斯上顶楼去睡觉。好学的高斯不愿浪费掉晚上睡觉前的这段宝贵时间，就自己动手做了一个灯具：把一个萝卜掏空，塞进用粗棉线卷成的灯芯，里面再放入油脂当灯油。他就在这种发出微弱光亮的油灯下，静静地、专心致志地看书、思考、计算……有时为了弄清一个难懂的问题或演算一道难题，他会从黑夜忙到黎明。

知识是灯烛，它把高斯引向了光明而神奇的世界，激励他踏上探索真理的征途。

1787 年的一天早上，10 岁的高斯来到小学四年级的教室，坐在自己的位子上，等待着数学老师。上课铃响后，进来一位年轻的男老师，他叫布特纳，刚刚做数学老师不久。他与其他老师一样有一张严肃的脸，不带一丝笑容，还有一双冷峻的眼睛，对学生的态度好像一块冰。这天，由于课堂纪律的原因，老师有意要出一道难题，把孩子们拴在教室里。他出的题目是：

$1+2+3+\cdots+98+99+100=?$

学生们像往常一样，一个数一个数地累加，越加数字越大，算得头昏脑涨，十分艰难，许多人都算错了。可是高斯不一会就在他的小石板上端端正正地写下了答案。

高斯高高地举起小手。布特纳老师并没在意这一举动，他知道这么短的时间，是不会有人算出来的，这个全班最小的小家伙不知瞎算了些什么，就抢先回答，或者是交白卷——这可不是一般的数学题呀！但是，不管怎么说，应该让孩子发言。于是，老师用怀疑的眼神允许他发言。高斯站起来很有礼貌地说："老师，这 100 个数的和是 5050。"同学们在紧张的埋头计算中听到这个声音，都惊疑地望向老师。布特纳老师也大吃一惊，问道："你是怎样算出来的?"老师怀疑他的答案可能是猜出来的，或许仅仅是巧合。为了弄清楚缘由，老师的语气缓和了许多，听起来和平时不同，显得很和蔼。

"因为 1 到 100 这 100 个数，依次把头、尾两个数加起来都等于 101，而这样的数刚好有 50 对，所以 $101\times50=5050$。"高斯从容地回答。

布特纳老师听完后，兴奋极了，好像在夜空中发现了一颗璀璨的尚不为人知的新星。老师带着课堂上从来没有过的笑容激动地说："同学们，高斯的答案是非常正确的，理由也说得很对！他善于动脑筋观察、思考、分析，他发现了对称于头、尾两个数的和都相等这个规律，作为一个小学生能发现这样的规律，真是很了不起呀！"接着，老师工工整整地把高斯通过观察、思考以后发现的这一规律的思维过程写在黑板上：

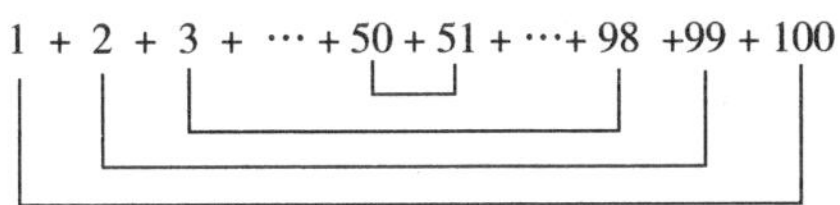

布特纳老师是多么高兴啊！他发现了"神童"，发现了一个非凡的天才！一个小学生在计算中，竟用到了未曾讲过的、要到高中时才能学到的"等差数列求和法"的一个规律！于是，布特纳老师向学校领导报告了这件事。高斯崭露头角的数学才华使这位数学老师第一次激动地、超乎寻常地对学校领导说："他已经超过了我！"

学校负责人听后也很高兴。不久，学校经过研究决定，免费让高斯接受教育。

布特纳老师原本不安心在这儿工作，他常觉得自己在穷乡僻壤教书是怀才不遇。所以，平日里对学生的态度不友好，确实冷得像一块冰。而现在，他发现了高斯超群的数学才能，在精神上得到了安慰，冰融化了，他被高斯的智慧感动了。布特纳决定留下来，继续在这个偏僻的地区工作，用汗水浇灌、培植这棵才华出众的幼苗，用丰富的知识哺育孩子们，使他们茁壮成长。因此，布特纳老师特别从思想上鼓励高斯，从知识上帮助高斯。他开始有计划、有步骤地指导高斯提前学习更深、更难的知识。他一步一个脚印，踏踏实实地学好基础知识，不轻易放过一个概念，不忽视一个微小的计算。

对于高斯提出的疑难问题，老师总是耐心讲解，循循善诱，自己没有把握的，还要查资料考证。此时，老师们因材施教，特意为高斯单独加大知识难度，努力培养和发展他的数学才能。

高斯不仅天资聪慧，而且勤奋、刻苦。在这期间，高斯的知识丰富了，比较系统地掌握了小学规定的学习内容。幼儿时期提出的一些问题，也找到了部分答案。但是，在浩瀚的知识海洋中，这仅仅是开始。

一天，布特纳老师遇见高斯的舅舅腓特烈，专门向他介绍了高斯计算 1 到 100 连续加法的超人才智。腓特烈很高兴，并感谢老师们的热情鼓励与悉心培养。

舅舅来到高斯家，把学校里的事情告诉了高斯的父母，并且说以后不必再为高斯的教育费用发愁了。一家人又一次沉浸在欢乐之中。

消息传到布伦斯维克公爵那里，他听后也十分高兴。他把高斯请来，鼓励了一番。

像这类关于高斯天资聪敏的奇闻轶事，在教师和家长中流传得很多。

在高斯计算“1 +2 +3 + … +100 = ?”这道题一年后的一天，布特纳老师又给全班学生出了下面的题目：

81. 297 +81. 495 +81. 693 + … +100. 899 = ?

老师写完题目后，其他学生都你看看我，我看看你，不知从何下手。而高斯呢，充分利用他的分析才能，经过仔细观察，发现这些加数从第二项起，后面的小数与前面小数的差都恰好等于0. 198，并且通过推理得知所有加数共有100个（即100项）。于是，他又仿照“1 +2 +3 + … +100”的计算方法，给出了结果（答案为9109. 8）。老师听后十分满意。

课后，布特纳老师既为高斯的表现高兴，但同时又感到烦恼。因为他发现，他的才识有限，掌握的数学知识不多，已经无法继续辅导这位高材生了。

“不懂装懂是误人子弟。”布特纳老师对自己说。怎么办？突然，他的眼睛盯上了桌上的书。“书，书是人类智慧的结晶，是知识的宝库，是一个不说话的老师。”他高兴地叫了起来。他又想，高斯有自学的能力，我不懂的，书上一定有。有位哲人曾说过：书像一艘船，能带领人们从狭隘的地方，驶向无限广阔的海洋；书是知识的源泉，是打开未知世界的窗口，是人类进步的阶梯。所以，布特纳老师很快进城买了一本最好的、知识比较全面的数学书回来，并和高斯说明原因，把书赠送给高斯，希望他能自学，从中获得更大的收益。高斯像鱼儿得水，非常感激和兴奋。

书里内容虽然丰富，但是书不会说话呀！书上有许多疑难问题，还得要请教会说话的老师讲解。一个矛盾解决了，又一个矛盾出现了。布特纳老师也觉得应当给高斯物色一位指导老师。常言说："师高弟子强。"布特纳老师把这个小城里的教师都考虑了一遍，最后选定了巴特尔斯。巴特尔斯当时只有 17 岁，帮助布特纳辅导学生，批改作业，也参与学生管理等工作，是布特纳的助手。巴特尔斯也是个优秀的学生，愿意钻研问题，爱动脑筋，上进心强，当时正在自学，准备参加大学入学考试。当布特纳把这个想法告诉巴特尔斯时，巴特尔斯欣然接受了这个任务，并且热心地培养和指导高斯。两人是那样的亲热，不了解情况的人，还以为是兄弟俩呢。

高斯在巴特尔斯的指导下，11 岁开始学习代数。当他学习了公式 $(x+y)^2=x^2+2xy+y^2$ 后，自然想知道 $(x+y)^3=?$，$(x+y)^4=?$，…，$(x+y)^n=?$（n 为正整数），于是，他仿照 $(x+y)^2=(x+y)(x+y)$ 的方法一个一个地去算，推演到一定个数后，他发现了 x，y 的指数和系数的规律。当然，那时他还不知道二项式 $(x+y)^n$ 的展开规律早在 17 世纪就已经被英国伟大的数学家、物理学家牛顿发现了。高斯经过自己的推导，最终掌握了 $(x+y)^n$ 展开的规律，他很兴奋地告诉了巴特尔斯，巴特尔斯也为高斯高兴。他告诉高斯："你推算的完全正确，而且这个规律牛顿早已发现。”高斯仍旧高兴地说：“大数学家发现的规律，我也能发现了。”这件事又一次显示了高斯独特的数学才能。巴特尔斯乘机又鼓励他把这个问题再深入地研究下去。

高斯掌握了 $(x+y)^n$（n 为正整数）的展开规律后，接受了指导老师的建议，马不停蹄地继续深入研究，他又在思考当指数 n 是负整数或分数时的情况。他夜以继日地思考、演算，最终也得出了正确的结论。

高斯这种从特殊到一般、从具体到抽象的研究问题的方法，后来成为他涉猎知识、发现问题的一种常用方法。这也是巴特尔斯教给他的一种名叫“不完全归纳法”的思维方法。

后来，高斯对别人说：“我从他的身上不仅学到了知识，更重要的是学到了获取知识的方法。”巴特尔斯经常对高斯说：任何一门学科内容的整体结构都有两根强有力的支柱，即基础知识和思想方法。数学知识是数学的内容；数学思想是数学的灵魂；数学方法是学习数学的手段和工具。知识、思想和方法三者是和谐的统一体。法国伟大的数学家、哲学家笛卡儿很重视方法，他写了一本叫作《方法论》的书，书中说：“方法是知识的工具，比任何其他由于人的作用而得来的知识工具更为有力，所以，它是所有其他知识工具的源泉。”笛卡儿生怕别人不清楚他的意思，特意生动地比喻说：“即使一个人走得很慢，如果他总是沿着正确的道路，他也很可能走在那些奔跑着然而离开正确道路的人的前面。”因此，只要方法是对的，就可以提高学习的速度和效率。

巴特尔斯后来考取了大学，由于他成绩突出，毕业后直接留在大学工作。不久，他又出国到了俄国，一直在俄国著名的喀山大学担任数学教授，成为了一位大数学家。在喀山大学，他又担任过后来成为大数学家的罗巴切夫斯基的指导教师。

高斯与巴特尔斯在共同的目标上建立了深厚的友谊，后来互通信函，经常在信中交流数学问题。

父母亲友们的生活照顾，数学老师们的精神食粮，布伦斯维克公爵的资助，以及周围人的鼓励，使小高斯这朵智慧花蕾，在充足的阳光雨露滋润下，茁壮成长着。

他在勤奋的学习生活中，送走了无忧无虑、充满梦幻的小学时代，迎来了五彩缤纷的中学时代。

第三节　文理全才

让子女多读书并不是当时工人阶层的风尚，高斯读小学时，父亲就经常要他晚上到织布机上去织亚麻布。高斯的父亲不想让儿子继续读中学，因为他不知道如何去筹措足够的钱来供高斯读书。布特纳和巴特尔斯找到高斯的父亲对他说："我们一定能够找到一个有钱有势的人来赞助这样的天才。"

1788 年，高斯从圣凯瑟琳小学毕业，考上了文科中学。当时的一些德国中学是刚进校就文理分科。文科中学，以学文为主，即以语文、哲学、历史、地理等为主，文科的学时比较多，但也要学数学、物理、化学、生物等理科知识，只是学时比重小一些。由于高斯在升学考试中古典文学考出了较高水平，有独到见解，所以被录取到文科中学。

开学以后，老师通过对高斯的考查，发现他对各科知识的掌握已超过初中一年级的水平，于是，破格让他跳了一级，升入初中二年级。在小学自学的成效显现出来了，他的才智得到了发展。

初中读了两年，由于他善于思考，勤奋努力，所学各门功课的成绩都超过了同级同学，而且他的智力特别突出，因而他又在师生们惊讶的眼光中直接升入高中。也就是说，别人初中要读四年，高斯两年就读完了，并免试升入高中哲学第一班学习。

当时德国的大学中，数学专业设在哲学系里，相应地，中学哲学班也主要学习数学和语言学等基础知识。高斯对语言学和数学的学习一直没有放松，特别用功。这两门课成为他中学学习中最喜欢的两个"朋友"。他心里常常装着"朋友"提出的问题，努力寻找最佳答案。

高斯知道中学时代是开拓科学上每座“宝岛”的起点，是探寻技术上每个“迷宫”的基石。为了拓“宝岛”、探“迷宫”，他孜孜不倦地学习着各门功课。

高斯在很早以前，就读过英国著名科学家培根的书和他的传记。有一段名言警句深深地印在他的脑海里：“读史使人明智，诗歌使人机智，数学使人精细，哲学使人深邃，道德使人庄重，逻辑与修辞使人善辩。”所以，他努力学好基础知识，广采博览，培养多种兴趣和爱好。

“高斯发展全面，知识面广，兴趣爱好多，具备一个未来科学家所特有的素质。”教过他的一位老师对同行说。

“是的，我教书几十年，还是第一次遇见像高斯这样勤奋、智力好、兴趣广泛的学生。”另一位教师也说。

“也难说，国内外历史上，‘神童’仅是昙花一现的例子也不少。”一位历史教师说，他还举出不少实例。最后又说：“小时了了，大未必佳。”

对于高斯这样的少年，在学业上的青云直上，同学中也有议论，有赞扬和热情支持的，有善意误解的，也有嘲讽、嫉妒和诋毁的。这些议论传入高斯的耳朵里，他是怎样考虑的呢？对于成绩，他认为是过去辛勤耕耘的结果，成绩只能代表过去，今后应当从零开始；至于“小时了了，大未必佳”，倒是他很喜欢的一句话，他经常用这句话来警示自己，反省自己，以修正缺点；对于别人的误解、讽刺，甚至恶意诽谤或打击，他总是说："让别人说去吧，我走我的路。"

经巴特尔斯介绍，高斯认识了卡罗琳学院的教授齐默尔曼。1791 年，齐默尔曼教授向布伦斯维克公爵推荐了天才少年高斯。公爵接见高斯时，看到他已经长成了一个英俊的小伙子，并为他的朴实和腼腆所动，欣然答应资助高斯完成全部学业。从此高斯学习的费用再也不用发愁了，其父也不再反对他继续深造。

布伦斯维克的卡罗琳学院是介于高中和大学之间的一所著名预备学院。在预备期间的学习中，学生可以分专业学习，为将来报考大学做准备。学院里设有语言、文学、哲学、数学、物理等专业课。招收的学生一种是高中毕业后没有考取大学的，他们可以在这里补习；另一种是高中没有毕业，但学习成绩优秀，通过推荐选拔来的。高斯就属于后者。

1792 年高斯进入卡罗琳学院学习。

高斯一直生活在父母身边，父母平日里对高斯的照顾是无微不至的。高斯离开父母独立生活的最初日子，尽管没有人欺负他，与新同学的关系也很好，但一切全靠自己打理和照应，他忽然觉得孤独无助，心里空荡荡的。随着时间的推移，他的这种心理才慢慢消失，渐渐适应了这种自我约束、自我管理的独立生活。

这时期，高斯每天都不知疲倦地游弋在科学的海洋，夜以继日地阅读、观察、分析、思考、质疑，他尤其喜欢高等数学，对它有着非常浓厚的兴趣。

这所学院的图书馆珍藏着许多内容深奥的各类书籍，它们分门别类地放在书架上，迎接着来访者。你只要掌握图书目录这把钥匙，就可以在茫茫的书海中迅速找到你迫切需要的知识。因此，在德国柏林图书馆的门楣上写有这样的名言："这里是人类知识的宝库，如果你掌握它的钥匙，那么全部知识都是你的。"

高斯来到图书馆，通过图书目录，开始有计划地博览群书。他选定以数学名家名著为阅读的主攻方向，附带阅读物理学。于是，他专心、入迷地阅读了当时欧洲最著名的科学家的著作，如牛顿的万有引力和微积分学（当时牛顿称之为"流数论"），数学家欧拉的"微分学"、"积分学"和"力学"，数学家拉格朗日的"解析力学"、"解析函数论"以及"函数演算讲义"等。高斯像一只勤劳的小蜜蜂，每天飞翔在科学百花园鲜艳的花丛中，他广采百花"蜜"，努力学习前人的成果，吸取其精华，在知识的阶梯上攀登。

这么多数学家的名著，难度有深有浅，对于一个 16 岁的少年来说，短时间内要读完、读懂、会用，肯定会遇到不少困难。虽然有老师指导，但老师所能指导的内容也很有限，根本无法满足他的要求。为了博学深研，就要下苦功多读书。微积分和普通物理专著，内容深奥难懂，不像中学的数学和物理那样具体，一看就明白。这些知识对于正规的在校大学生来说都甚感吃力，何况对于一个预备班的学生呢?

高斯在阅读、思考、练习中，在攀登科学高峰的小径上，遇到了一个又一个困难。有时读书会读了这本，忘了那本，记忆也渐渐地模糊起来，几天、十几天过去了，似乎所得并不多。他开始怀疑自己的能力，甚至有点信心不足了。

学习有方法，但无定式。怎样改进学习方法呢?高斯是个聪明人，既不抛弃别人优良的学习方法，但又不拘泥于旧法，他根据自己的特点和实践，从读书的过程中悟出了适合自己的最佳学习程式。这也包含了布特纳和巴特尔斯等老师教给他的一些方法在内。

高斯的最佳学习程式就是“阅读、思考、演算、总结”八个字。他曾经这样解释：阅读是涉猎知识的基础；思考是求知的钥匙，掌握它，可以开启探索求知的大门；演算是实践、初步应用，也是巩固知识，即时反馈学习效果；总结是理清数学思想方法的脉络，形成知识系统，这种提纲挈领的总结是提高学习效率的一个不可或缺的环节。

高斯的许多同学经常问他：“你是怎样进行学习的?用

什么方法学习的?”高斯总会毫无保留地说:“勤奋是根本。读、想、算、结是方法。”他还生动地总结说:“心中想,口中说,纸上做,不从身边过。这就是学习的诀窍。”

第二章

光明时期的到来

高斯酷爱语言学和数学，这两个学科是他的兴趣支柱，如何在两者中作出选择，高斯一直在徘徊。直到他解决了两千年无解的难题，用尺规作出正十七边形，取得让世人瞩目的成绩时，他才下决心致力于数学。而后，他又从事复数、天体等方面的研究，皆取得骄人成绩，迎来人生的光明时期。

第一节　攻破两千年无解的难题

1795 年，18 岁的高斯进入哥廷根大学读书。哥廷根大学是英王乔治二世于 1734 年委派其重臣在哥廷根创办的，并于 1737 年向公众开放。乔治原为德国王子，是英国王室的近亲，因为安妮女王没有子嗣继承王位而被请去担任英国国王，兼任德国汉诺威大公。乔治创办大学的动因旨在弘扬欧洲启蒙时代学术自由的理念，因此哥廷根大学也一开欧洲大学学术自由的风气。创办之初，该校就设有神学、法学、哲学、医学四大经典学科，尤以自然科学和法学为重。18 世纪，哥廷根大学因其极为自由的科学探索精神和氛围，加之拥有数量丰富、种类繁多的图书而居于德国大学的中心地位，到 1812 年已发展成为一所有 25 万册藏书、海内外公认的现代化大学。

高斯初次踏入哥廷根大学时，看到学校环境优美，占地面积很大，且建筑雄伟，校园幽雅，便想起了家乡的小城，两者相比，悬殊极大。“我希望只是环境上的差异，绝不能在知识上比他人差。”高斯勉励自己说。

大学学习生活开始了，由于高斯在中小学有坚实的基础，在卡罗琳学院总结了一套良好的学习方法，加上一贯的勤奋刻苦，学校规定的课程，他没有花费多少时间就完全掌握了。他把多余的时间用在研究高深的、学校没有要求而他最热爱的学科上。

高斯的志向并不是谋取官吏和军官职位，而在于科学，特别是他最喜好的数学和语言学两门学问。

当时的哥廷根大学没有必修科目，没有指导教师，没有考试和课堂的约束，也没有学生社团，学生们完全在自由的学习环境中成长。高斯不喜欢别人打搅和干扰他学习、思考和研究学问，甚至将来从事什么职业也完全由他自己选择。他希望有孕育自己创造能力的环境，培养自己创新意识的温床。

在就读哥廷根大学之初，高斯一直钟爱着语言学和数学，这两个学科是他的兴趣支柱。当时刚进大学没有分文理专业，选什么专业由学生以后的发展决定。

高斯在校第一年的时间里，一共向图书馆借阅了 25 本书，其中只有 5 本自然科学著作，其余皆属人文科学。显然，高斯已经被人文科学磁铁般地吸引了，两个钟爱的学科的天平开始向语言学倾斜了。高斯对语言和文学的爱好，伴随他走过一生，成为他后来主修数学专业的重要基石，尤其是撰写数学论文，语言学帮助了他，他的作品文笔清如水，明若镜，看似平淡却具奇崛的功能。

那个时代，人文学家比科学家待遇好，高斯虽已上大学，但仍然依靠远在家乡的布伦斯维克公爵的资助，他的父母也仍在穷苦的生活里挣扎。基于这些原因，高斯想要寻找有较高收入的职业，挣更多的钱养活自己，孝敬父母，摆脱贫困。“钱”的问题是高斯在读书时就经常要考虑的一个问题。

怎样根据自己的条件和优势选择职业，高斯仍在数学与语言学的职业选择上徘徊。

学校图书馆珍藏着比卡罗琳学院更多更深奥的各类书籍，更加能满足他的求知欲望。书是没有围墙的“大学”，高斯可以在各个“大学”间漫游，寻找自己最新见解的依据。

在哥廷根大学的第一年，即 1795 年的一天，高斯在图书馆里借到一本法国数学家勒让德新出版的数学著作，里面提出了一个问题，作者说得非常模糊，没有明确的结论，也没有证明。一向读书认真、一丝不苟、不拘于成说的高斯看到以后，立刻进行了深入思考。后来，他在勒让德提出问题的基础上，发明了“最小二乘法”。高斯认为，任何物理测量都不是绝对准确的，不同观测者对同一物体的测量，即使操作方法尽可能接近或相同，也必然会显示出细微的差异。为了尽可能地减小产生的误差，必须用一种特殊的方法从许多各不相同的测量结果中确定一个最可靠的量。最小二乘法就是在这样的前提下被提出来的一种计算理论。高斯发明的这个方法在实际应用中很方便，减少了许多反复的试验，可以节省很多时间。

性格沉稳的高斯有一个特点，就是他研究出的结论，不是急急忙忙写成论文发表，而是先把成果的提出、证明、应用等写成要点，放在一旁进行“冷却”，有空再拿出来进行推敲，或者装在“脑子”中继续加工思考，直到问题的解决让自己很满意，他才会寄出去发表。高斯的“最小二乘法”这一发现，只先让本校师生知道，并没有及时发表。

高斯在踏入大学门槛的第一年，以其蓬勃的朝气、敏锐的思考和新颖多样的表现手法，显露出了引人注目的数学才华，加上他的勤奋好学和勇于探索，得到了大学老师的垂青和同学们的仰慕与赞叹。这件事也证明：昔日的“神童”用勤奋的汗水和严谨的治学态度，保持了惊人的聪慧，又证明“小时了了，大未必佳”的预言，对于勤奋者是不成立的。

1796 年，高斯看到瑞士数学家欧拉写的一篇有关数论的文章。数论是研究整数性质的一门学科，我国数学家陈景润等就是研究这门学科的。欧拉在文章里说，他在证明数论中“二次互反律”这个重要性质时，呕心沥血，尝试了许多方法，但都没有证明出来。高斯读到这里，合上书本，伟大的数学家欧拉好像就站在自己眼前。如今，欧拉的“二次互反律”没有证明出来。1785 年法国数学家勒让德也只是给出了一个不完整的证明。这些行家里手都没有证明出来，“真的不能证明吗？”高斯反问自己。“不，我要努力试试！”只有 19 岁的高斯明知山有虎，偏向虎山行。

他决定向数学老前辈挑战。高斯没有按照欧拉和勒让德所使用的方法去证明，而是采取另外的途径。结果，经过他的刻苦钻研和艰苦运算，这个定律被高斯证明了出来。

“二次互反律”是数论中一条非常重要的定理，高斯深刻体会到这个定理的重要性，把它视为数论中的宝石，因此，他以价值昂贵的黄金命名这一定理为“黄金定理”。他太偏爱这个定理了，视为宝贝，一生给出了八种不同的证明方法。第八种证法，是在高斯去世以后，人们在他的遗稿中发现的，那是一篇没有发表的“黄金定理”的最后一个证明。在高斯的几种证明以后，数学家们先后给出了50多种不同证法，恰如“忽如一夜春风来，千树万树梨花开”。

高斯对“二次互反律”的精彩证明，像一颗光芒四射的新星，划破了寂静的长空，引起许多人的赞誉。德国柏林大学著名的数学教授克罗内克后来称赞他说：“真想不到，一个这么年轻的人能够独自取得如此丰硕的成果，尤其是对一个崭新的学科提出如此深远而结构严谨的论述，真令人折服。”

老一辈数学家由衷地向高斯致贺，都评价说：后生可敬，后生可畏。

高斯上大学的第一、二年，在深奥的数学王国里，摘下了“最小二乘法”和“二次互反律”两项桂冠，开始受到国内外数学界的瞩目与赞扬。

按照常理，高斯在数学方面取得这样骄人的成绩，那他今后一定会专门研究数学了。可是，高斯在这所大学里，学习和研究的是两门学科：语言学和数学，而且是他一生心爱的两门学科。现在，要高斯放弃语言学而专门研究数学，他舍不得。所以，此时此刻的高斯，还没有下定决心到底要选择哪个学科，他仍站在通向语言学和数学这两条道路的十字路口上徘徊。

1796 年 3 月 30 日，发生了一件令中外数学界轰动一时的特大新闻，出乎所有人的意料，2000 多年悬而未决的正多边形作图问题，竟被年仅 19 岁的高斯解决了。

正多边形的作图，也就是如何等分圆周的问题，即怎样把圆周均匀地分成任意份，很多年来，它一直困扰着科学家们。早在 2000 多年前，古希腊的欧几里得在他的《几何原本》中，就有用没有刻度的直尺和圆规（简称为尺规）作出正三角形、正方形、正五边形、正六边形、正十边形、正十五边形以及通过反复二等分这些边所作的正多边形。但是，正七边形、正九边形、正十一边形、正十二边形等正多边形，能不能用尺规作出来呢？2000 年来，这个问题不知白白地吞食过多少人的才华和心血。为了解决这个作图的“不可能”问题，在数学发展的历史长河中，许多数学家付出了辛勤劳动，甚至一生的心血，反复研究，最终都失败了。

高斯对这个问题很感兴趣，于是他向大学的老师求教，老师却劝他退避三舍，莫为此空耗青春。但这却更加激发了高斯强烈的探索欲望。根据古代能够作出的正多边形的实际例子，有人设想（实际是提出猜想）：“正多边形的边数如果是大于五的质数，都不可能作。”解决这个问题的包围圈缩小了，突破口显露出来了。设想虽不是现实，但猜想是真理的前提。

高斯虽然举止文雅，但却坚强不屈，他有事业心又谦虚、质朴。不久后的一节课，高斯又听到大学教授在讲台上形象、生动地介绍了上面这个历史遗留问题，他那敏捷的思维像触电似的受到了刺激。高斯认为：“没有大胆的猜测，就不可能有伟大的发现。”因此，他下定决心攻克这个难题，就像证明“二次互反律”那样，啃下这块硬骨头。

在老师那里没有得到答案，他就又来找没有围墙的“大学”。他来到图书馆，在管理员的热心帮助下，19 岁的高斯在茫茫的知识海洋里，寻找历代数学家们对正多边形作图问题的论文、解法，他没有花多少时间，就基本了解了历史上老前辈们辛苦劳动留下来的记载。在攻克正多边形作图问题这个科学堡垒时，有的数学家是从正面攻，失败了；另一些改从不同侧面攻，也都失败了。高斯选择了别人不愿攀登的进攻点，披荆斩棘，攀悬岩登陡壁，终于踩出了一条小路，用汗水和毅力，攻克了这个 2000 年来固若金汤的堡垒。

高斯从正多边形的边数入手，很快发现从前别人用尺规作出的正多边形的边数归结起来就是这样几种：

2^n（$n=2, 3, \cdots$）；

$2^n \cdot 3$；$2^n \cdot 5$；$2^n \cdot 15$（$n=1, 2, \cdots$）。

高斯利用他从小就善于寻找规律的本领，从繁杂的现象中寻找事物的本质，不久，他果然找到了规律。他总结出了以前能作出的正多边形的边数，只出现素数 2，3，5 和它们的乘积（如 $3 \times 5 = 15$ 等）。于是他采取类推法判断，大概是以某些特殊的素数或它们的乘积为边数的正多形可以用圆规和直尺作图。然而 7 是素数，那为什么数学家们对正七边形作图却百思而不得其解呢？

这时的高斯已经意识到了几何知识具有局限性，想要解决这个问题，需要跳出几何学的圈子，利用其他数学知识去攻克。沿着这条思路走下去，高斯惊喜地发现，3 和 5 恰好是以法国大数学家费马命名的“费马数”当 $n=0$ 和 $n=1$ 时的两个数。因此高斯迅速地把思维的包围圈再次缩小，他又推断：大概以费马素数为边数的正多边形可以用尺规完成。果然，高斯成功了，他用尺规完成了正十七边形的作图问题。

高斯完成上述工作恰好是 1796 年 3 月 30 日，距他 19 岁还差一个月，但近似地说他在 19 岁作出了正十七边形。

作出正十七边形后，高斯兴奋了好一阵了，一直困扰他的问题终于有结论了，他兴冲冲地跑到著名数学家克斯特纳那里说：“我作出了正十七边形。”教授哑然失笑，他连看也不看这个才进大学的学生一眼，并轻视地说高斯必错无疑。高斯争辩说，他确实已经用降次法解出了二项方程 $x^{17}-1=0$，并且由此给出了正十七边形作图可能性的证明。教授认为高斯是在梦呓，并嘲笑地说："噢，好，我已经这样做了。"

一篇雄辩的论文问世了，一个叱咤风云的结果推翻了前人的"不可能"，他用尺规作出了正十七边形。

国内外数学名流被论文所折服，其中包括克斯特纳。周围的师生对高斯投来了赞许的目光，国内外的数学家们也都写来了贺信，特别是远隔千里的巴特尔斯，也写来了贺信赞扬高斯。巴特尔斯是高斯小学时的辅导老师，对高斯的一生影响很大。巴特尔斯后来考上大学，并以优异的成绩毕业后，在俄国喀山大学任教。高斯虽然收到了很多信件，但对这封不寻常的信，他感慨万端，立刻回信，谦逊地说："我的成果里有恩师您的汗珠……"

对于一个 19 岁的大学生来说，生平第一次受到国内外数学家们的重视和瞩目，他是多么的兴奋啊！

虽然高斯被一片赞扬声包围，但他没有停止继续探究，他想：正十七边形可以作，那么还有哪些边数的正多边形可以作呢？总不能每个都去一一试验后再作定论吧。"能否找出一种判别方法呢？"高斯在心中问自己。

高斯又去阅读前人研究这个问题的零星片段资料，并在分析别人失败的原因和自己探索体验的基础上产生了想象。"想象是灵魂的眼睛。"高斯想起法国作家茹贝尔说的这句名言。高斯凭着求知的欲望和想象力这双眼睛来猜测，进而研究，在五年断断续续的研究中写过的草稿纸堆积起来约有一人多高。

五年后的1801年，高斯终于找到了判别哪些正多边形可以作出、哪些不能作出的条件与方法。这又是一个出色而又完美的研究。从此，用尺规作多边形的可能性问题基本上解决了。

这个定理非常重要，使用起来也极为方便，对后人帮助很大。后人对高斯非常感激，于是把这个定理称为“高斯定理”或者“高斯判别法”。

根据高斯判别法，边数不超过100的正多边形中，只有24个可以用尺规作图，其余76个都不行。如边数为3，4，5，6，8，10，12，15，16，17，20等的正多边形都可以作出，但是边数为7，9，11，13，14，18，19等的正多边形却作不出。

高斯巧妙地用代数的方法解决了几何难题，建立了哪些正多边形能作出的判定定理。这是一个划时代的理论成果，远远超出了当时的水平。

工欲善其事，必先利其器。只有在方法上改进了，才能有所突破。高斯研究正多边形尺规作图的方法构思是如此美妙，把数与形这两个不同的方面联系起来思考，即几何问题用代数方法来解，闯出了一条划时代的康庄大道，直到今天，这种数学方法仍是一种重要方法。

成功地作出了正十七边形，高斯是多么的兴奋！他后来写道："我是从作出正十七边形起才决心致力于数学的。"他现在下了决心，放弃了研究语言学的理想，而立志为数学研究献出毕生精力。

高斯生前曾立下遗嘱：在他死后，在墓碑上刻上一个正十七边形，以纪念他青少年时代最重要的数学发现。这好像德国数学家柯伦（又译鲁道夫）几乎把毕生精力都花在圆周率 π 值的计算上一样，他求得 π 的 35 位小数，因此他的遗嘱是要人们在他的墓碑上刻上一个"π"字，作为全部墓志铭。

后来，高斯去世以后，按照他的遗嘱在哥廷根大学校园里为他建了一座纪念塑像，供后人千秋瞻仰，碑座便是一个正十七棱柱体。

在高斯定理发表以后，人们有了理论作基础，就可以作出定理所说的正多边形了。后来有数学家按照高斯定理所指出的原则，解决了一些正多边形的作法。

1832 年，德国数学家黎西罗作出了正 257 边形，作图的过程非常繁琐，他费尽了心血，他的作图步骤竟写了 80 多页厚厚一大本。

还有另一个数学家赫尔梅斯教授，利用 10 年时间，作出了正 65537 边形，仅手稿纸就装满一手提箱，至今保存在哥廷根大学。

这说明，无论在数学上或者科学上想要前行，都需要付出辛勤的努力，只有不屈不挠的人才能夺取新的更大的胜利。

第二节　年轻的博士

高斯解决了正十七边形作图问题以后，后人评价说：数学发展史同时也是数学家的创造史。正是数学家孜孜不倦的学习，坚持不懈的钻研，含辛茹苦的求索，不屈不挠的奋斗，谱写了数学发展的辉煌史。高斯对人类的贡献，名彪史册，他饱含辛酸的探索和创造，将永远给予后人无穷的力量，催人奋进！

高斯愿意动脑、善于观察，他恪守这样的原则："问题在思想上没有想清楚之前，绝不动笔。"但他常常把自己的科学发现，用言简意赅的文字记录下来。

从1795年到1798年高斯在大学读书的三年里，在良师益友的帮助和知识的哺育下，他的数学研究成果，像喷泉般地涌流而出。他的研究范围很广，涉及数论、代数、数学分析、几何、概率论等各个方面的尖端。高斯后来发表的成果都留有这一时期的思想痕迹。大学三年是高斯思维最敏捷、精力最充沛、成果最多的黄金时期。

1798年，高斯以优异的成绩毕业后，回到了可爱的故乡——布伦斯维克。

到家的那一天，高斯不顾旅途的疲惫，即刻就去看望布特纳老师，布特纳老师热情地和高斯长久地拥抱。久别重逢，激动的泪珠在布特纳老师和高斯的面腮上滚动。高斯感激恩师的精心培育，而布特纳老师也为高斯没有忘记自己而欣慰，更重要的是老师十分高兴地看到，昔日的“神童”更加成熟了。

高斯在故乡的一年里，亲友们都劝他到德国名胜区游览，好好地调整一下自己的状态，放松休息一段时间。

德国最好的游览地有著名的四大河流——绮丽的莱茵河、蓝色的多瑙河、美丽的易北河和妩媚多姿的威悉河。这些古老而美丽的河流灌溉着广阔沃土，哺育着两岸人民。

莱茵河两岸，岗陵起伏，林木繁茂，葡萄园绵延不断，偶尔点缀着幽雅的市镇。而悠久的多瑙河，源于南部的黑林山，向东流经奥地利、捷克、斯洛伐克等几个国家，最后流入北面浩瀚的黑海。在德国及奥地利境内的多瑙河分为几段，有急流处，也有缓静区，河道狭窄处，两岸多陡峭岩壁，急流险滩，令人惊心动魄。多瑙河畔绿树成行，碧草如茵，风光如画，游客笑语、歌声随风荡漾。一座座建筑物，外形美观，色彩柔和，供游客小憩。

虽然高斯也被这些美丽的景色吸引着，但他却没有闲心去游山玩水，常常一个人在书房里，专心地撰写博士论文。妈妈和女朋友担心他的身体，而他早已习惯于不知疲倦地游弋在数学的海洋里。

第二年的春天到了，他的论文还没有写完。布伦斯维克城的公园春意正浓，十分迷人。妈妈、女友、老师多次劝他郊游，感受大自然无私的奉献，高斯都婉言谢绝了。

高斯常常在白天劳累了一天后，晚上继续全神贯注地伏案阅读、思考和计算，甚至有时在梦里还惦念着某个问题。

屋檐上乳燕的窃窃细语，屋外嘈杂的车马人声，似乎都与他毫不相干，他仿佛置身于一种异常静谧的意境，那儿是另一个世界：是一些奇异的符号 x，y，dx，dy 和数字；草稿纸像雪片铺满桌面，像一座座风景如画的山峦。

1799 年，高斯的博士论文终于写好了。随后他把论文寄给了赫尔姆施泰特大学，这篇博士论文的题目是“所有单变量的有理代数函数都可分解成一次或二次的因式定理的新证明”。这篇学位论文提出的定理解决了方程的根的个数问题，而方程论是初等代数的核心，所以这个定理又被高斯称为“代数基本定理”。

高斯这篇博士论文《代数基本定理》的审稿和导师是当时德国最负盛名的数学家普法夫。他原本是高斯的老师，经常和高斯在一起探究问题，交流思想，慢慢地成为了好朋友。普法夫教授主要从事微分方程的研究，有一种微分方程——“普法夫方程”就是以他的名字命名的。他首先提出“超几何”一词，用以形容微分方程的一种级数解。数学中还有一系列以他的名字命名的概念和术语。普法夫除了担任赫尔姆施泰特大学教授外，还任哈雷大学教授，

1817 年成为普鲁士科学院院士，因此，普法夫在德国是一位德高望重的数学家。

有趣的是，在高斯成名以后，他的好友德国柏林大科学家洪堡曾在一次学术会议休息时开玩笑地询问法国大数学家、力学家拉普拉斯："你认为谁是德国最伟大的数学家呢?"

"是普法夫。"拉普拉斯回答说。

"那么高斯呢?"

拉普拉斯戏谑地说："高斯是全世界最伟大的数学家!"

这虽然只是一句玩笑话，但也可看出高斯已经和他的导师并列，甚至超过了他的导师。

高斯的博士论文通过以后，却没有钱出版发行，因为当时想出版作品，是需要自费的。布伦斯维克公爵有个不成文的规定：不愿由他资助的学生在他所辖领地之外的大学获取文凭。现在高斯获得的博士学位，是在他的管辖地取得的，因此，公爵欣然解囊。1799 年 8 月，公爵捐资出版了高斯这篇博大精深的论文。

一天，一位朋友来看望高斯，在谈到科学家没有钱出版自己的著作时对高斯说："钱是什么？钱是人世间唯一的光亮，照在哪里哪里亮，它唯一照不到之处，便是世人眼里唯一发黑的地方。"

"不错，钱是幸福的依据，但也是罪恶的根源。"高斯回答说。

“不是这样的，有了钱，就有温暖舒适的裘衣，有山珍海味的佳肴，就会有身份、有地位、有名气……”朋友坚持说。

“钱容易求得自己的温暖，但却难于求到幸福。在世人眼里唯一发黑的地方，还有更明亮、更炫目的东西，那就是科学技术，这才是真正的光亮——太阳之光，真理之光，充满人生乐趣的奋斗之光!”高斯很不赞同朋友的说法。在高斯看来，金钱虽然重要，但并非万能，因为钱可以买到房屋，但买不到家；钱可以买到虚名，但买不到实学；钱可以买到“书籍”，但买不到“智慧”；钱可以买到药物，但买不到健康……

博士论文出版后，高斯很高兴，他立刻寄送给了一些朋友。1799 年 12 月 16 日，他在赠书给大学同窗好友、匈牙利数学家波尔约时，还写了一封信介绍说：“题目相当清楚地讲明了文章的主要目的，但它只占篇幅的三分之一，其余是讲述历史和对其他数学家（如达朗贝尔、欧拉、拉格朗日等）相应工作的评判，以及关于当代数学之肤浅的各种评论。”

这篇博士论文反映了高斯研究风格的另一个方面，就是强调严密的逻辑推理，这是当时欧洲一些数学家所缺少的一种态度。

高斯关于代数基本定理的论文，并没有具体构造出代数方程的解，而是一种纯粹的存在性证明。令人吃惊和感到有趣的是，在高斯第一个证明中，虽然必须依赖复数，但因当时数学家们对待虚数的本质争论不休，没有达成共识，高斯怕引起反对或争论，采取了回避的态度，尽量避免直接使用虚数。但他却巧妙地设下陷阱，即预先假定了直角坐标平面上的点与复数的一一对应，而将论及的函数分为实部和虚部分别加以讨论，最终给出了第一个代数基本定理的证明。当然采用这种绕道回避的策略造成了逻辑上的不完美缺陷，致使他后来一个接一个证明的出现，直到在庆祝他获得博士学位 50 周年时，数坛才对虚数本质有了统一认识。虚数实现理论上的突破后，在实践中被广泛应用，人们视复数为数学的一个宠儿。

1799 年，21 岁的高斯获得了博士学位。同年，高斯又获得了讲师职称。但是，由于种种原因，他并没有找到讲师职位的工作，仍在家待业。

亲朋好友们纷纷向高斯表示祝贺，高斯都深表感谢；但对于宴请、邀访、记者会等应酬他都拒绝了。他不喜欢这种无聊的浪费时间的游戏。当然，对学生来访和青年学者的求教，他总是热情接待。这些未来的科学探索者们总是带着问题来，获得满意的答案而去。高斯觉得科学是没有地界限制的，就像多瑙河、莱茵河流经诸国一样，一泻千里。

不久，工作在俄国喀山大学数理系的巴特尔斯老师——高斯少年时代智慧的引路人，得知高斯获得博士学位以后，也非常高兴，他为有高斯这样的学生而自豪。他给高斯写来了热情的贺信，巴特尔斯最后说："博士是做研究工作的起始，而不是终点。"高斯读后，把这句话铭记在心。

高斯已经成为一个有影响力的青年，他的学识被公认已超越自己的师长，进入名人之列了，但他仍尊敬自己的师长。

一天，布特纳老师又来看望高斯，问高斯在想什么。

"绝不能以为获得一个证明以后，研究便可以结束，或把寻找另外的证明当作多余的奢侈品。"高斯对老师说，"'代数基本定理'已经有了第一个证明，但我还应该寻找另外的证明方法，而不能满足。"

布特纳老师非常了解高斯，高斯很喜欢"代数基本定理"，当他给出第一种证法以后，就像"黄金定理"的多种证明那样，又在想第二种证明方法，想出第二种证明方法后，再考虑第三种、第四种证明方法……这是高斯一生中学习和科学研究的一大特点。

相隔16年后的1815年，高斯又给出了第二种证明方法。第二种证法假定了当多项式在x的两个不同的值之间没有零点时，它在这两个值处不可能改变符号，这在今日看来虽然不够严密，但高斯的抽象思维能力是其他数学家难以媲美的。

第二种证明方法发表一年之后，高斯仍没有满足，追求精益求精的他，为了简化与完善证明，第二年即 1816 年又给出了第三种证明方法，这种证明方法更精练，知识更抽象，他应用了法国数学家柯西创立的积分定理的概念，给出了一个完整、漂亮的证明。

“代数基本定理”一直是高斯最偏爱的定理，直到高斯晚年，他还念念不忘再简化证明，多层次、多角度地寻找新证明的途径。年逾古稀，白发盈头的高斯，不因日暮残年而休闲，一刻也没有放松研究，正如他对朋友说：“夕阳无限好，人生重晚情。”他老骥伏枥，终于在 1850 年又给出了关于这个定理的第四种证明方法，和第一种证法相隔整整半个世纪。第四种证法是在第一种证明的基础上给出的，并且，他还严谨地证明了任何复系数单变量 n 次方程有 n 个复数根。

高斯研究的“代数基本定理”的各种证法，奠定了代数方程论的理论基础。可以这样说，他开创了探讨数学中整个存在性问题的新途径，这是他毅力与智慧的结晶，是他留给后世的一条华丽的轨迹。

为什么高斯要不断地寻觅不同的证明方法呢？他在给大学同学、匈牙利数学家波尔约的信中写道：“有时候，你开始没有得到最简单和最美妙的证明，但却又是这样的证明才能深入到最高级算术（数论）的真理的奇妙联系中去，这正是吸引我们去继续研究的动力，并且能使我们有所发现。”

高斯经常会对同一个问题不停地研究，反复推敲，不断寻找新方法，始终不满足已有成就，他的这种科研精神，被后人传为佳话。后世的数学评论家说：高斯的这种一题多证（解）的方法，还可以发展人们的逻辑思维能力，并且能够提高人们分析问题的能力，可以使基础知识和基本技能得到灵活应用和综合应用，达到融会贯通，促进钻研与独立思考，帮助人们发现知识的内在联系，从而找出最合理、最简捷的解（证）题途径，从而培养创新精神。一句话，“一题多证”可以启发、引导灵活运用所学过的各种知识和技能，从不同角度去思考、探索、解决同一个问题。这也是数学家的基本功之一。

第三节　复数问题

高斯在“代数基本定理”的第三种证明中应用了一个非常深奥的概念“复积分”。这件事说明他很早就栽培了复数这朵鲜艳、夺目、诱人，但却带刺的科学之花。

复数早在16世纪就诞生了。但它却在当时的数学界引起长时间的激烈争论，有人怀疑，有人否定，包括当时很有名气的数学家在内。因此，很久以来，一些数学家都把这种新发现的数形容为“虚的”、“不可能的”、“想象中的”等，给复数披上了神秘的色彩，并认为虚数的奥妙是难以捉摸的，给人虚无缥缈的感觉。1545 年，人称“怪杰”的意大利数学家卡尔达诺说虚数是“虚假的”、“诡辩量”。微积分创始人之一、著名的德国数学家莱布尼茨在 1702 年也说：“虚数是神灵美妙与惊奇的隐蔽所，它几乎是存在又不存在的两栖物。”

数学界关于虚数的学术争论一直持续了几百年，数学家们争论激烈，难分难解，谁也说服不了谁。早在 1799 年就开始研究复数的高斯采用一种比较通俗的处理手法，就是以几何方法将复数表示为平面上的点，直观地说明了这个被扭曲变形的数不是虚构的，而是一个实实在在的数。这个方法最初发表于 1799 年，但没有引起争论不休的人们的注意；后来，他在论文《双二次剩余理论》所作的说明中又提到它，还是没有被人们关注。为什么呢？正如高斯写道：“迄至目前为止，人们对于虚数的考虑，依然在很大程度上把它归结为一个有毛病的概念，以致给虚数蒙上一层朦胧而神奇的色彩。我认为只要不把 $+1$，-1，$\sqrt{-1}$叫作正一、负一和虚一，而称之为向前一、反向一和侧向一，那么这层朦胧而神奇的色彩即可消失。”

数学权威高斯提出把“$\sqrt{-1}$”从“虚一”改称为“侧向一”的建议，但没有被数学家们所接受。因为符号 $+1$（正一），-1（负一）早在 16 世纪已被人们所公认，而“虚一”或“侧向一”都是模糊说法。所以，高斯的建议仍没有驱散蒙在数学家们心头的阴影，“神奇的色彩”并没有立刻消失。

高斯深切地感到，要想使神秘莫测的虚数被人们认可和接受，关键是继续进行复数的几何表示法的研究工作。

高斯当时并不知道，关于复数的几何表示法，并不只有他一个人在思考、研究，几乎同时，包括高斯在内，世界各地至少有四位数学家都在不懈地努力，探索复数的几何表示方法。在科学发现史上，一些重大科学理论体系、方法，或者小至某个定理、法则，可能同时被许多互不相关的人独立发现，正如1823年11月匈牙利数学家F·波尔约在写给他儿子的信中所说：“许多事物似乎都有一个同时在几处被发现的出世时间，就像春天一到，紫罗兰到处可见那样。”

最早想把复数用几何方式表示出来的是英国数学家瓦里士。他在1685年出版的《代数学》一书中认为：在直线上找不到虚数的几何表示，必须转到平面上去找。他在书中说明了怎样几何地表示二次方程的复数根，但他没有引入虚数的概念。瓦里士的工作实际上是寻找“复数的几何表示”的萌芽、序曲，真正进行实质性工作的是与高斯同时代的几位数学家。

比高斯早两年研究“复数的几何表示法”的是出生于挪威的丹麦数学家韦塞尔，他在1797年向丹麦科学院递交了题为《方向的解析表示》的论文，引入了实轴和虚轴，直到该文译成法文后才引起人们的重视。他提出用 +1 表示正方向的单位，用 $+\varepsilon$ 表示与正方向垂直且与正方向具有共同原点的另一方向的单位，并且他把 $\sqrt{-1}$ 记为 ε，如这样一个复数 $a+b\mathrm{i}$ 相当于 $a+b\varepsilon$。他还把复数写成 $\cos v+\varepsilon\sin v$ 的形式，与现在的写法 $z=\cos\theta+\mathrm{i}\sin\theta$ 基本一致，可能是因为韦塞尔的声望或传播面小的缘故，这一成果竟没有被高斯等众多著名的数学家了解。

瑞士自学成才的数学家阿尔冈于 1806 年出版了《试论几何作图中虚量的表示法》（又译为《虚量，它的几何解释》），在他这部唯一的数学专著中，他把虚数 $\sqrt{-1}$ 看作是平面直角坐标逆时针旋转 90°的结果，而 $-\sqrt{-1}$ 是按顺时针方向旋转 90°。他还引入了复数的模（对应向量的长），使复数的几何表示更加简洁，同时，他还成功地解释了复数运算的意义。复数平面曾被称为阿尔冈平面。

与阿尔冈同年，英国数学家比耶在剑桥发表的论文《论虚数》也给出了虚数的几何表示法。

直到 1831 年，高斯在一期《哥廷根学报》上更清楚、更形象地给出了复数的几何表示法，比前两次的表示方法更为简洁，这个表示方式令人信服，从此确立了复数的重要意义与价值。高斯第一次把 $a+b\mathrm{i}$ 形式开始叫作复数（a，b 为实数），他不仅将 $a+b\mathrm{i}$ 表示为复平面上的一点，而且阐述了复数的几何加法与乘法。

高斯这次发表的虚数图象表示法，像一声春雷震惊了世界，使还在为复数问题争论不休的人们目瞪口呆，难以置信。困惑人类几百年的复数问题，终于在众多数学家和高斯笔尖下解决了。数学家们从图上清楚地看到虚数不虚，而是实的，并且看得见，画得出，用得着，是客观世界实实在在的一种数。于是，数学家们的争论不休、一片猜疑和对复数的神秘感消除了。

至此，复数理论正式建立了，人们都认可了数学王国里的这个新伙伴，并与它建立了亲密无间的感情。它的存在、用途后来都能被中学生掌握了。可是，历史遗留下来的误解的痕迹，让这个“虚”字仍保留了下来。

任一复数 $a+b\mathrm{i}$ 和平面直角坐标系中点的坐标（a，b）之间可以建立起一一对应的关系，这种和复数全体建立一一对应的坐标平面称为复数平面或者简称为复平面。人们为纪念直角坐标的发明人笛卡儿，把直角坐标系命名为“笛卡儿直角坐标系”，简称笛卡儿坐标。同样，科学家们为了纪念高斯这一发现，又把复数平面命名为“高斯平面”（在这之前复数平面被称为阿尔冈平面，但一直埋没了最早的贡献者韦塞尔）。同时将具有整数分量（即 a，b 都是整数）的复数（$a+b\mathrm{i}$）叫作“高斯数”。

如今，复数已经广泛应用于数学、力学和电学等，是科学技术研究中一个重要而不可或缺的数学工具。

高斯对复数的几何表示法的公布，平息了几百年来数学家们关于复数喋喋不休的论战，吹散了疑惑的迷雾，正如高斯指出，“这样的几何表示使人们对虚数真正有了一个新的看法”，而且在虚数的符号表示方面，他也建有功勋。

高斯一直保持着简朴的生活习惯，他不图舒适，埋头苦干，整天为数学理论研究绞尽脑汁，构思一幅又一幅美丽的图画。他终日畅游在数学王国里，所以一直没有闲暇外出去欣赏大自然的美好风光，也一直未能亲身领略一下风景秀丽的河流山川。他的整个一生，除了去柏林开过一次学术会议外，就没有到过别的地方，更谈不上出国。

有一年的暑天，布伦斯维克公爵邀他去南方阿尔卑斯山旅游。

“高斯先生，我们一同去游览阿尔卑斯山，在那儿避暑吧！”公爵说。

“实在对不起，公爵先生！我正在忙着整理出版我的第一本数学书，出版社等着，限了时间。”高斯回答。

“高峻挺拔的阿尔卑斯山，群峰突起，林木葱郁，山势雄伟，许多高峰终年积雪，多么凉爽啊。为何不去一游，偏要在这儿受热呢?”公爵说。

“公爵先生，我确实有太多工作要做，当然，外出一游，精神愉快，舒适凉爽，但工作丢不开，也不好带着工作去，我只能从文字上欣赏了。”接着高斯把那迷人的景色向公爵叙说了一番：从高处往下看，群峰屹立，景象万千。阳光照射万年积雪的峰峦，银光闪耀，云蒸霞蔚。阿尔卑斯山像一条玉龙腾跃，展望晶莹。磅礴的雾景，使人陶醉。

昂首天际，俯瞰群山，半点红尘飞不到，是个自然的宫殿，是游人日夜向往的地方。

“高斯先生，您的文学修养实在是很高啊！听过您这诗一般的描述后，我好似置身其境了。”公爵赞许地说。

“这么一说，我们仿佛已经游过了，就可以不用去了。”高斯风趣地抓住公爵的话推辞说。然后，两人哈哈大笑起来。送走客人以后，他又钻进数学王国的世界里去了。

无暇重游孩提时代常去的绿茵草坪，告别了大学时代晨读漫步的林荫小道和云笼雾遮的峡谷风光，高斯一头扎进了他早年最喜欢的数论研究之中，正如他给数学家恩卡的信中所说：我从 15 岁少年时代就醉心于那“妙不可言、使人迷惑的”数论和其他富有趣味的问题。他集中精力，将前辈数学家在数论方面杰出而又零星的成就进行集中研究，将他在 1797 年写的《算术研究》书稿充实提高，补充了许多新的精辟见解，于 1800 年寄给法国科学院要求发表。法国科学院审稿人对高斯这本深奥的书的内容实在是难以完全理解，就将该论著拒之门外，据说这本书还遭到当事者的摈斥、讪笑。这种无知和过激的傲慢态度引起了高斯的极大反感和强烈不满。书稿被退回，他就寄给本国的科学院，终于在科学院里觅到知音，德国科学院了解了书稿的内容后，于 1801 年在德国出版。书中内容确实高深，不易被人读懂，所以这部书没有立刻引起数学家们的重视。后来德国数学家、柏林大学狄利克雷教授慧眼识才，撰文介绍以后，《算术研究》才为广大数学家们理解并接受。后世数学评论家认为，《算术研究》一书在数论上的贡献可以与欧几里得的《几何原本》在几何学上的贡献相媲美。在以后 100 年左右的时间里，这个领域中几乎所有发现都可以直接追溯到高斯的研究范畴里去。数学史家斯科特评价说："这部著作给数论的研究揭开了一个新纪元"，"《算术研究》立即使高斯跻身于第一流数学家之列"。

高斯就像那只忍辱负重的丑小鸭，终于以惊人毅力和真才实学展翼升空，用艰辛的汗水和心血，证实了自己的真正价值，迎来了科学研究的春天。

高斯曾描写一个求证多年的问题得到解决的情景，"终于在两天前我成功了……像闪电一样，谜一下子解开了。我也说不清楚是什么导线把我原先的知识与使我成功的东西连接了起来"。

高斯自己也说过："数学是科学之王，而数论是数学之王。它常常屈尊去为天文学和其他自然科学效劳，但在所有的关系中，它都堪称第一。""数学是科学之王，数论是数学之王"后来成为名言，流芳于世。重要的是人们看到，高斯对数论偏爱的情感，早已融进字里行间，载入数学史册，成为光辉的一页。

第四节　探索天文学

高斯大学毕业以后，既获得了博士学位，又获得了讲师职称，但从 1799 年到 1802 年高斯一直没有找到合适的工作。像高斯这样的优秀人才，为什么在德国找不到合适的工作呢？

原来，德国在那个时候执行的是一种严格的晋级制度，大学毕业后是不能直接上讲台开课的，必须取得讲师职称才能开课。至于博士，同样也不能立刻开课，还需要他另写一篇有水平的论文，经过教授委员会审核、批准，合格了才授予该博士讲师资格。即使取得讲师资格，也只是意味着取得在大学讲课的任职资格，至于能否任职，还要看校方是否录用。即使录用了也不给固定工资，工资的多少取决于自愿选听你的课的学生人数，但往往是听者寥寥无几，所以讲师的生活根本没有保障。

至于教授，只有很少的名额，而且被挤得满满的，要提升新教授，必须等原有教授病逝、退休或者辞职以后出现空位。一旦成为教授，物质生活就会有保障。但教授是极少的，一个系只能有两三名，但讲师却有几十人，所以提升教授是很难的。

高斯在1799年取得讲师职称后，并没有顺利找到工作，布伦斯维克公爵表示可以继续从经济上资助他，但高斯却想用自己的劳动来养活自己。于是，他更加勤奋地进行科学研究，多出成果，靠稿费维持生活。但稿费毕竟有限，而且没有保障。

巴特尔斯是俄国喀山大学著名教授，很有名气。当巴特尔斯了解到高斯的生活处境以后，很为他着急，于是接连写了几封信给高斯，要他出国。他告诉高斯，凭借他的学识和才华会在俄国找到待遇不错、生活舒适、名利均有的大学讲师或者教授位置，并且巴特尔斯已和俄国当局联系好了。高斯看到信以后，并没有萌发出国的愿望，可当朋友知道后，却竭力主张高斯出国，摆脱穷困，到条件较好的地方去发挥才智。高斯的妈妈知道以后，只是说："孩子，金窝银窝，不如自家的土窝。"女友听说后，也没有勉强高斯，而是尊重他的选择，并且表示不愿意离开自己贫穷、落后的祖国。布伦斯维克公爵、布特纳也不赞成他出国，因为他们相信德国的情况一定会好转，并且为高斯的工作多方奔波。

此时此刻的高斯，又一次站在十字路口上，面临人生的第二次选择。第一次是在语言学与数学之间选择了数学为终身职业。现在，他面临从来没有考虑过的离开祖国这个问题，他周围支持与反对者参半，倒使他思考起来。

经过几天的深思熟虑，高斯对大家说："子不嫌母丑，儿不嫌家穷。我热爱我的祖国，虽然祖国还很贫穷，但她的儿女怎么能忍心离她而去呢！”高斯又说：“穷无根，富无苗，只要辛勤劳动，贫穷是可以改变的。”

于是高斯把自己的决定写信告诉巴特尔斯老师：“感谢您对我的关心，但我还是决定不离开祖国，一辈子不离开家乡。我们布伦斯维克城物产丰富，资源充足。现初步查明，地下有储量很大的铁矿、天然气和钾盐，将来这里是德国的钢铁基地，前途无限。”高斯在信末，还希望巴特尔斯老师回国，共同为建设祖国贡献力量。

出国的事平息以后，高斯面对德国建设的实际，又在思考着一个重大问题：怎样把数学理论与实际应用联系起来？他一方面坚持数学纯理论的研究，另一方面把注意力转移到数学应用方面。

高斯暂时放弃铺着红地毯的纯数学之路，转向含苞待放的应用数学之路，无疑是困难重重的，但这是一个历史前进的里程碑，也是高斯摆脱生活困境的一条出路。他不愿永远依靠着布伦斯维克公爵的资助过日子。同时，当时的德国天文学研究人才奇缺，高水平者更少，在他的故乡甚至都没有一个天文台，更谈不上有人来研究了。高斯现在掌握了数学这个自然科学的工具，它一定可以帮助高斯开启研究天文学的大门。

高斯经过慎重考虑，决定转移研究方向，开始研究天文学。他借了许多天文学方面的资料，又刻苦钻研起来。

德国天文学家提丢斯有一位名叫波得的朋友，是一位天文学家，在柏林天文台任台长。1766 年，他们发现数列：

0，3，6，12，24，48，96，192，……

从第三项起，以后的每个数恰巧是它紧挨着的前面一个数的 2 倍（在数学上，叫作以 2 为公比的等比数列）。如果把每个数都加上 4，就得到新的数列：

4，7，10，16，28，52，100，196，……

再把它们都除以 10，就得到水星、金星、地球、火星、?、木星、土星与太阳的距离：

0.4，0.7，1，1.6，2.8，5.2，10，19.6，……

这些数近似等于各行星到太阳距离的天文单位①（其中地球到太阳的距离为 1 天文单位），如图所示：

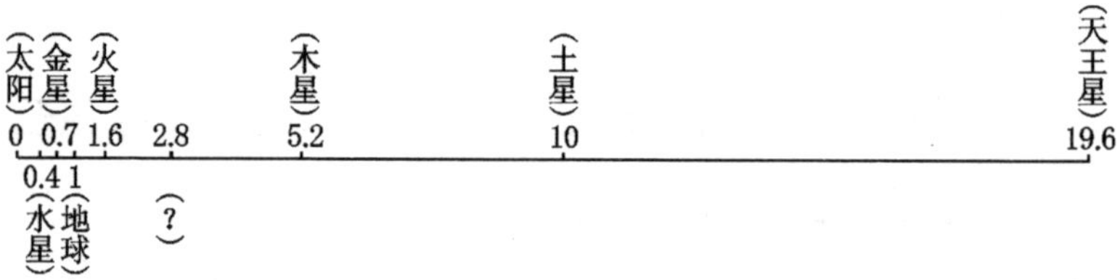

(太阳) 0　(金星) 0.7　(火星) 1.6　2.8　(木星) 5.2　(土星) 10　(天王星) 19.6

0.4 (水星)　1 (地球)　(?)

1772 年，波得公布了他们的这个发现后，引起了世界科学界的极大重视，这个发现被称为提丢斯—波得定则，有的书称为“波得定律”。那时候由于没有先进的设备，人们还没有发现天王星、海王星和冥王星，都以为土星就是距太阳最远的一颗行星。到了 1781 年，英国天文学家威廉

① 后来科学家实际测量，得到各行星与太阳的实际距离分别是 0.39，0.72，1，1.52，2.9，5.2，9.54，19.2，等。

·赫歇耳在接近19.6的位置上发现了天王星，它和太阳的距离是19.2，这和提丢斯—波得定则计算结果19.6非常接近，于是大家对这个定律就更加深信不疑了。

按照数的排列，在2.8的位置上（也就是火星和木星之间）应该有一颗行星，即前文中“?”处。于是，天文学家都猜测说，在那里一定有一颗新的行星没有被发现。

天文学家们为了这颗新星足足忙碌了20年，却依然没有发现它的踪迹。功夫不负苦心人，1801年1月1日晚上，当人们都在高兴地庆祝新年来临之际，意大利天文学家皮亚齐却还在意大利西西里岛上的巴勒莫天文台上观测星空、核对星图，辛勤地工作着。突然，他在望远镜中发现金牛座一带有一颗体积很小的8等星，这颗星与星图不合，而它恰好在提丢斯—波得定则中2.8的位置上。第二次观测时，这颗星继续西移，他甚至怀疑这是一颗“没有尾巴的彗星”，但为了弄清这颗星的运行轨道，他继续跟踪观测。

皮亚齐工作在冰天雪地、寒风刺骨的岛上，人一到户外，鼻孔和睫毛都会结冰。但他为了弄清楚这颗星的原本，不顾严寒困苦，连续观测了40个夜晚，最后因劳累过度而病倒了。他只记录了这颗星沿9°这一小段弧的运动情况。

皮亚齐立刻写信给他的同行们，邀请大家一起观测、核对和研究。可当时正处在法国资产阶级革命以后，法国资产阶级革命家拿破仑为了巩固和扩大资产阶级政权，在欧洲展开了远征战争，地中海被封锁，这封信直到1801年

9月才被送达。天文学家们收到信以后，立刻进行观测，但时过几月，那颗“无尾巴的彗星”早已无影无踪。

皮亚齐随后认为，这就是人们一直没有发现的那颗行星，于是把它命名为“谷神星”。

古代早期，人们大都用神话故事中神仙的名字来为新发现的小行星命名。皮亚齐发现的这颗小行星，就是用古希腊神话中的智慧女神命名的。后来，人们发现小行星的数目越来越多，神的名字已经不够用了，就用国家、地区或城市的名字命名。再后来，国际天文学界开始用一些著名科学家、文艺家、实业家等知名人士的名字命名，以表彰他们对社会各个领域的卓越贡献。

迄今为止，已经发现而且被国际公认正式编号命名的小行星已达2400颗之多。

皮亚齐对外宣布了自己的发现，而天文学家们却对此争论不休。有的说，皮亚齐是正确的，也有的说不对，这是一颗彗星，否则，为什么它只出现了一次就不知去向了呢?

经过几个月的观测，还是没有得到令人信服的答案。这个问题，引起了24岁的高斯的注意。

高斯心想：既然天文学家通过观测找不到谷神星，那么能不能通过理论上的推导和计算来找到它呢?高斯非常想解决这个问题：“行星运动是有规律的，我不用望远镜，只用铅笔，一定能算出这颗行星的位置。”

有人说："高斯只是个数学家，怎么懂得天文学？再说，天文学家们都找不到谷神星，高斯哪能把它'算'出来呢？"好心的朋友批评他"是在浪费自己的时间和才能"，劝他早点放弃这个打算，还是专门研究纯粹数学吧。

高斯听后一笑置之，他很理解朋友的心情，但他知道天文学和数学的距离并不是很远，甚至可以说是一家，如中国古代的数学家就是天文学家。如果没有雄厚扎实的数学知识作基础，是不可能成为一名天文学家的。当年，牛顿不就凭着渊博的数学知识，发现了万有引力定律吗？

于是高斯开始了他的研究。首先要知道这颗新星是按什么样的轨道运行的，是圆、椭圆，还是别的曲线。30 多年前，数学家欧拉曾经研究出一种计算行星轨道的方法。可惜这个方法太过繁琐，欧拉紧张地算了三天才得出结果。高斯决心创造出一种简便易行的办法。他在前人研究的基础上，运用自己在大学一年级建立的"最小二乘法"和行星轨道计算法，引出了一个 8 次方程，创立了比过去更加精确完整的行星轨道计算理论。利用改进了的方法，高斯只用了一两个小时就算出了结果（用旧方法则需要三四天），且只需观测三次就可以验证。所以，高斯说，谷神星的确是一颗行星，并预言它将在某个时候出现在某一片天空里。

天文学家们对高斯的话将信将疑，在高斯预言的时间里，他们用望远镜对准了那片天空。有趣的是，其中有一个名叫查赫的天文学家，根据高斯的预言，专门制造了一个觅星表，经常向观测谷神星的天文爱好者预报这颗行星的可能位置。可是，天公不作美，连续多日阴雨连绵，无法观测。直到1801年12月7日，天气大晴，天文学家们终于在高斯预测的位置上看见了这颗久违了的新行星。谷神星出现了！高斯获得了极大的成功，他真的用“铅笔尖”发现了一颗新行星，他向人们证明了数学在科学研究中的巨大作用。

后来人们才知道，谷神星的直径只有770千米，是地球的6%，木星的0.55%。在火星与木星之间，这个小不点的“谷神星”与他们的大小太不相称了，难怪不易被发现。

1802年3月28日，天文学家根据高斯的计算方法，又准确地找到了另一颗新的行星——智神星，也有的书说是慧神星。接着一颗颗的行星陆续被发现。天文学家终于搞清楚了，这些行星的体积都很小，就拿它们中最大的谷神星来说，直径也只有地球的十几分之一。它们都在火星和木星之间，沿着椭圆形轨道绕着太阳运行，天文学家管它们叫作“小行星”。

经过对天文学的研究，高斯在1809年写成《天体按照圆锥曲线运动理论》一书，书中提出了行星轨道的计算方法。

为此，高斯在1810年获得了巴黎科学院授予的“优秀著作和最奇异的天文观测奖”。

高斯利用计算的方法找到谷神星的举动，轰动了国内外。原来批评他的人，也认为高斯是在前进，是在发挥才能，而并非浪费时间与才能。他作为一位卓越的天文学家获得了承认，并被人形容为“能从九霄云外的高度按照某种观点掌握星空和深奥数学的天才”！

高斯在这几年里，不断实践，坚持应用数学知识去解决实际问题，写出了天文学等方面的许多有价值的论文，如：1812 年发表的《关于超几何级数》的论文；1813 年发表的《关于椭球体的引力》的论文；1814 年发表了关于机械求积的论文；1818 年发表了关于平行摄动的研究等论文。这些论文是“实践——理论——实践”的认识产物。

“算”出谷神星以后，高斯更深刻地认识到数学的巨大威力，愈发相信他自己关于“数学是科学之王”的论断，更加兴致勃勃地将数学应用于社会的各个领域。

高斯是利用了他在超几何级数及算术—几何平均方面的研究成果和拉普拉斯的方法计算出谷神星的轨道的。此后，高斯不断改进自己的新算法，用来计算其他小行星的轨道。他只用 10 个小时就算出了 Vesta 小行星的轨道，并且可以在一小时内算出彗星的轨道。欧拉 28 岁时曾用了三天时间计算一颗彗星轨道而导致右眼失明，高斯说：“如果我用那个方法算上三天，我两只眼睛都会瞎掉。”

在大多数时候，数学理论都是走在应用的前面，这时思维的乐趣和美的召唤就成了数学家矢志不移的引力场。

高斯认为：反映客观世界的愿望和对美的追求，正是数学家们默默无声地在数学群山之中不懈攀登的动力和乐趣。甚至有不少数学家极难预料自己凝神苦思所得到的美好结论将会在什么地方及什么场合真正取得实际应用。例如公元前3世纪古希腊著名数学家阿波罗尼奥斯发现了圆锥曲线的各种优美的物性，谁能想到1800年后德国数学家开普勒才把他的结论用来描述行星的运动，而获得巨大的成功。所以，“走理论与实践相结合的路是正确的”，高斯常对人们说。

现在，高斯已经是二十出头的青年，风华正茂，从他在哥廷根大学读书起，即从1796年解决正十七边形的作图到1801年，是高斯学术创造力最旺盛的黄金时代。据一位追踪“神童”足迹的数学史家梅统计，在这6年间（19—24岁）高斯提出的猜想、定理、证明、概念、假设和理论，平均每年不少于25项，其中最辉煌的成就是1801年发表的举世无双的《算术研究》，这本书把高斯以往光艳夺目的颗颗珍珠般的零星成果用一条鲜红的串线，编织成一张结构紧凑、自成系统的数论网络。1801年算出谷神星的运行轨道更是轰动了科学界。

高斯成名以后，国内外多家机构的聘书像雪片似的飞来，纷纷请高斯去任职。公爵也打算专门为高斯在布伦斯维克修建一个小天文台，让他当台长，并且给他加薪，为他提供更好的科学研究条件。高斯出于对公爵的报答，决定留在家乡的天文台工作，并从事数论、代数、几何以及分析学的基础理论研究。他还决定了自己以后科研的方向，即把主要精力和时间逐步转向更有实际应用的科学研究，如天文学、测地学、物理学和应用数学等。

一天，一位朋友拜访高斯，高斯将他从事理论与应用两方面研究的打算告诉了朋友，并说："金字塔的顶峰是辉煌的，但没有牢固的地基和底层，顶尖是不会闪光的。"

"是的，我同意你的说法，基础理论的研究同样重要。"朋友说。

"掌握了基础理论，才能使人站得高，看得远，好像老鹰飞得高，俯瞰大地，才能发现地面上的兔子。当然，应用科学更重要，它是一切科学落脚的归宿，没有应用，科学技术就会停滞不前。"高斯进一步地阐述，并提出"更重要"的应用科学。高斯的这种思想，早在给大学同学、匈牙利数学家波尔约的信中已明确，高斯说："天文学和纯数学是我的灵魂的指南针，永久指向两极。"

"说得好，寥寥数语，就拆掉了理论与应用之间的一堵墙。那么，你以后还撰写科学论文吗？"朋友问。

"论文是一定要写的，撰写论文是科学家、科技工作者的基本功，通过撰写论文把科学研究、学术交流和学术水平进一步提高、深化，一方面使科技工作者在这个过程中受到新的启示和提高，另一方面便于成果推广，其收益是难以估量的。"高斯解释说。

“祝你在基础与应用上结出两个大硕果，愿你的著作壁立千仞，流芳千古。”

“非常感谢。不过，我对写作十分谨慎，只有在论证的严密性，文学词句和叙述体裁都达到无可指摘时，我才会发表自己的成果。在这之前，我只会将成果记在日志录上。”这再次表现出高斯对待科研、写作严肃认真的一贯作风。

高斯对实用天文学的贡献除积累了几十年的观测资料，预测新发现的小行星（谷神星）轨道外，还自制天文仪器六分仪，为提高观测精度而从事几何光学研究，改进了望远镜，可谓一位伟大的天文学家。

第三章

探索新方向

当别人称赞高斯是“数学王子”，是一个“天才”时，他却回答：“假如别人和我一样深刻和持续地思考数学真理，他们会作出同样的发现的。”高斯一直这样谦虚。他研究数学的应用，从天体转向了大地，在新的领域，创造了新的辉煌。

第一节 “数学之王”

高斯在数学、天文学方面的成就令人瞩目，受到了国内外称颂，许多德国人都知道本国有位数学家、天文学家高斯，他不仅作出了正十七边形，证明了代数基本定理，并且找到了谷神星，是个非常了不起的人。因此，他受到了各方面的重视和尊敬。

自 1789 年法国大革命后，德、法之间爆发了许多次短期战争，为遏制拿破仑在中欧的扩张，普鲁士决定加强跟法国的对抗。1806 年 10 月 14 日，曾任普鲁士将军的费迪南公爵率领普鲁士和萨克森军在奥尔施塔特与法军战斗，不幸被毛瑟枪击中，受了重伤，双目失明。11 月 10 日，71 岁的公爵与世长辞。恩公的突然去世给高斯的身心带来了极大的伤痛，他也从此失去经济来源，必须完全靠自己的能力来维持生计。

1807 年，高斯携全家离开了生他养他的故乡，迁往哥廷根，他被哥廷根聘为正在建设的新哥廷根天文台台长。刚到哥廷根，高斯就在经济上遇到了极大的难题，政府对哥廷根大学的每个教授征收 2000 法币的高额赋税，以高斯的现状，他根本无力筹足，奥尔伯斯、拉普拉斯等不少朋友都想帮助高斯渡过这个难关，但都被高斯婉拒并将款退回。后来，法兰克福的大主教达尔贝格伯爵匿名汇给高斯1000荷兰金币，高斯不知道汇款人是谁，只好收了下来暂渡难关，法国入侵、公爵战死和高额赋税，加深了高斯在政治上的保守倾向。

1808年2月29日，高斯的长女密娜出生了，因为只有闰年才有2月29日，高斯开玩笑地说，密娜要四年才能过一次生日了。1808年9月，饱享天伦之乐的高斯给F. 波尔约写信："居家生活快乐而飞速地一天天过去，不论是我们的小女儿长了一颗新齿，还是大儿子认了一个新字，对我来说，都像发现一颗新星或一个新的真理一样重要。"万万没有想到，1809年9月10日爱妻生第三个孩子时难产，10月11日不幸去世，五个月后，新生儿也夭亡，爱妻和婴儿的离去给了高斯无法承受的打击，让高斯体会到了无法言表的疼痛。他住在好友奥尔伯斯家里，在一张布满泪痕的纸上写道："你让我不要过于悲伤，我怎么振作得起来啊！请求上苍，不要排拒我，让我永远感受你永不止息的慈悲，做你忠实的子民，追随你勇往直前。"

高斯强忍着悲伤，以极大的克制力和毅力从悲伤中解脱出来，为了恢复正常的生活和工作，并使不满4岁的儿子和刚满2岁的女儿得到照顾，1810年8月4日，他和哥廷根大学一位法学教授的小女儿米娜·沃尔德克成婚，虽然高斯在给米娜的求婚信中说："我能奉献给你的，只有一颗破碎的心，逝去的人影在我心中永不磨灭。"但婚后无微不至地照顾两个失去母亲的孩子犹如己出的米娜，还是赢得了高斯诚挚的爱慕，高斯和米娜后来又育有两子一女。

高斯到天文台工作时，天文台还没有建成，于是高斯亲自参加了其筹建工作，包括天文台的各种布局，购置仪器设备，招聘技术人员等。七年后的1814年，哥廷根天文台基本建成。为了配置最好的望远镜等设备，37岁的高斯多方奔走。为保证设备质量，他货比三家，左挑右选，花两年时间都没有买到精良质优的望远镜等仪器。直到1816年，他赴巴伐利亚会见光学仪器制造商时，才买到了中意的装备。

同年，在众教授的强烈呼吁下，哥廷根大学——他的母校校长聘请他为常任教授，主讲天文学课，偶尔上一点数学课。

高斯选择台长为主职，教授为辅职，这与他不喜欢当时的教学有关。1802年，高斯在致医生兼天文学家、博士奥尔伯斯的信中说："我真的不喜欢教课……对真正有天赋的学生来讲，他们绝不会依赖课堂上的传授，而必是自修自学的……做这种不值得感谢的工作，唯一的代价是教授浪费了宝贵的时间。"高斯怎么会有这种思想呢？有资料介绍说，高斯总是觉得当时德国大多数大学生都没有钻研学问的兴趣，很少或根本没有学习动力。很多贵族、官吏子女进入大学以后就放纵自己，把精力放在酗酒、赌博和吃喝玩乐上，所以，高斯不愿为这些学生讲课。而至于禀赋好、勤奋、刻苦钻研的学生，高斯愿意"偶尔给他一点提示，以便找到最近的路"。

高斯到哥廷根天文台工作以后，经济上有了固定收入，基本生活有了保障。高斯把主要精力放在了天文台的筹建工作中，偶尔兼授天文课程。当然，他的研究一直没有中断。不同的是，他开始转向实用天文学方面的研究，并且撰写发表了天文学方面的多篇论文。后来他又把主要精力用在天文观测、记录特殊天象、计算并报告他对观测数据的分析和亲自调试仪器以达到最佳观测条件上，他对这些工作丝毫不懈怠，一直到1854 年他病倒时才结束这些工作。

俄国的大学、科学院一直希望高斯能到俄国工作，并通过巴特尔斯联系高斯、做高斯的思想工作，但高斯始终不愿出国，因此，1807 年，俄罗斯科学院只好推举他为名誉院士。在此期间，世界上许多国家的科学机关和科学院都给他寄去了学位证书。

报刊上对高斯的宣传也多了起来。人们称他为“数学王子”或“数学之王”。

记者、青少年、学者、科学家等都前来拜访高斯。

高斯的朋友说：从童年起，人们对高斯就有许多诸如“神童”、“天才”的赞誉之词。但高斯一直谦虚谨慎，戒骄戒躁，勤奋学习，刻苦钻研。他不是昙花一现的小人物，更不是“小时了了，大未必佳”，他是一位真正的科学家。

人们对高斯的赞誉，他是受之无愧的。

每当来访者提到高斯的贡献时，他总把自己的成就归结为肯下功夫。当别人称赞他是“天才”时，他却回答说：“假若别人和我一样深刻和持续地思考数学真理，他们会作出同样的发现的。”从高斯的言行中，展现出高斯谦逊的美德。

当听说高斯成为了“数学王子”后，年迈的爸爸、妈妈和妻子是多么的高兴。朋友们跟他的妈妈开玩笑说：“您就是数学王母了。”又和他美丽的妻子开玩笑说：“您过去是数学公主，现在是数学皇后了。”妈妈、妻子听了以后，哈哈大笑。尤其是妈妈笑得合不拢嘴，她贫苦生活了大半辈子，如今生活才有好转。老妈妈现在的生活安定，精神矍铄，容光焕发，精力充沛。

高斯虽然当了“数学王子”，但他并没有过着“宫廷”般的生活，他一生从不贪图物质享受，生活一贯简朴。现在也只是能够自力更生，摆脱穷困，解决了全家人的温饱问题。

高斯在 1802 年到 1830 年间，研究向更广、更深的科学领域发展。他年富力强，风华正茂，已是德国举足轻重的科学栋梁。

第二节　大地测量

高斯对数学应用的研究，开始从天体转向大地测量了。这是他第二次创造性研究高峰的黄金时代。

1815 年前后，一些国家出于经济和军事目的，掀起了一场大规模的大地测量热，这是一门新兴“测地学”的嚆矢。

测地学是观测、度量大地，绘制地图、海图的学问。在18、19世纪，人们采用三角化方法作大地测量。

如果地球上的两点在同一子午线上，只要测出它们的纬度，就可以近似地求得它们之间的距离。说近似，是因为地球不是圆球而是椭球。

在当时，大地测量、地图绘制的理论和技术都很不成熟，有很多问题需要解决。1799年一位普鲁士上校在绘制西伐利亚地图时就去请教高斯有关三角化理论上的问题，从他们后来的通信中可以看到，高斯当时在大地测量方面已有很多想法了。

这时的高斯“三十而立”，已接近“四十不惑”的门槛，正是梦圆或梦灭的时期。但是高斯仍保持着他那一贯的勤奋，他经常以诗般的语言提醒自己：

像大雁那样有目标；像海燕那样有勇气；
像鹰那样有洞察力；像蜜蜂那样的勤劳；
像蜘蛛那样有毅力；像蚂蚁那样有力气。

高斯在科研上有一个特点，只要是社会实际中需要的，他可以很快进行科研转向，去适应新的要求。现在，大地测量热开始了，而它又是一门实用性很强的科学，高斯很感兴趣，于是他决定从天文学的研究转向测地学的研究。

当时，在丰厚的经济利益驱使下，社会上出现了一批真假难分的“专家”、“学者”，一批粗制滥造的测量理论、思想方法冒了出来。一时间，似乎某某理论可以包医百病，即使不懂数学的人也可以使用这些理论来进行大地测量，于是穿凿附会者有之，信口开河者有之，败坏了测地学的声誉。

由于高斯是“数学王子”，在数学、天文学方面已经有了卓越的贡献，特别是他一直恪守在情绪上，保持一个“平”字；在思考时，守着一个“静”字；在工作时，不忘一个“精”字；一切言行，带着一个“恒”字的人生准则，他的学术品德赢得了世人的尊重。

1816 年，高斯的学生、天文学家舒马赫应丹麦政府的邀请，测绘全丹麦的地理形状，这是他一个人不可能完成的工作，他需要一个得力的人来帮助他，高斯成了他的首选。

一天，舒马赫特意去天文台拜见高斯老师，寒暄几句后便开门见山地问：“老师，现在哥廷根天文台已建成并开始良好有序的运行，先生也发表了一些很有价值的天文学论文，下一步怎样计划？”

“现在中欧强国掀起了大地测量热，这是一个新兴的学科，它已经引起了我的兴趣。我想用我的所学所知也做点这方面的研究工作。”

“老师，很好。我今天登门拜访老师，就是想请您出山，研究测地学……”舒马赫诚恳地表明了他已经接受丹麦政府之邀，并想请老师做他坚强后盾的来意。

这正是高斯感兴趣的一项工作，他善于抓住机遇，乐意在实际测量中获得研究测地学的第一手资料，于是满口答应。

经过一系列准备之后，高斯和舒马赫于 1818 年正式开始进行丹麦的测地工作。炎热的夏季高斯在野外进行测绘；到了严寒的冬季，则返回哥廷根家中，对获取的数据进行分析整理。高斯在艰苦的实践中产生了一些测地学的新思想、新方法。

1820 年，汉诺威政府正式批准了高斯对汉诺威全境作地理测量的计划，并任命高斯为实施计划的总负责人。高斯认为，想要有好的工程质量，关键要有一批吃苦耐劳、踏实肯干、听从指挥的人才。在给丹麦测量中，高斯聘请了与前妻所生的儿子约瑟夫和若干军人为野外考察的助手，这批人与高斯工作默契，而且态度认真，做事踏实，完成质量较好。因此，这次为自己的政府进行大地测量，他仍请了这班人马协助他完成工作。在 1818—1825 年间，高斯都是依靠他们进行野外考察，大家工作井然有序，体现出了高斯高度的组织才能。

他的学生舒马赫曾不解地问高斯：“您为什么要聘用军人参加大地测量?”

“农夫们尊敬军官。当然，重要的是军队纪律严明、秩序井然。诚实、苦干、奉献精神特别强。”高斯高度肯定了军人。

高斯亲自参加了这项实测工作，与大伙一同跋山涉水，冒风雪、抗严寒，顶烈日、战高温，有时披星戴月，有时风餐露宿。白天跋涉劳累，忙着测量，晚上高斯还在微弱的灯光下伏案整理资料。万籁俱寂，除了同伴的鼾声外，只能听到他刷刷的写字声。有时直到天上的星星稀疏了，他才带着困倦倒在床上。高斯一直坚持着这样的工作态度，不论刮风下雨，还是烈日当空，或是冰天雪地。

这项实践工作使高斯有机会利用弧度测量的方法，把对大地与天体的研究科学地、有机地结合起来了。高斯最擅长将理论用于实际，在测量哥廷根的阿多那的子午线时，他把理论研究成果，大胆而广泛地应用在三角测量中，通过实践的检验，他的理论得到印证。确认正确无误后，他才写成关于测地学方面的论文。写好以后，按照他的老习惯，再冷却、推敲、思考，直到认为尽善尽美，无可挑剔时，才在1822年发表了他在地图投影中采用等角法的研究论文。

当时，大地测量仍使用传统的三角测量法。据记载，此法从长度精确定基线出发，选定一个三角形网络将所测的地域覆盖。各三角形的顶点的选取，至少应能保证从两个方向上对其进行目力观测。测出各三角形内角的精确值是提高测地精度的关键。由于地形复杂，千变万化，仪器精度不高，所以实测工作费时费力；测量时不可避免的随机误差也给数据处理带来了麻烦。注重理论联系实际的高斯，在测量中看到同伴们用旧方法测量，劳动量大，速度也很慢，野外作业十分辛苦，于是他发明了“回照器”等仪器。

“回照器”全称为“日光反射信号器”，是高斯于 1820 年发明的，第二年（1821 年）他又发明了“光度计”。

高斯设计的日光反射信号器主要用以提高观测精度。这个仪器构思精妙，巧夺天工，据记载，它的主要部分是一面可以旋转的镜子，配以必要的光学仪器，如小望远镜，它在测量时既可作为发光的被测目标，又可用于传递信息，成为三角测量的标准仪器。高斯的“回照器”可以进行远、近距离的观测，即使天空有云彩飘移，阳光不能直接照射，观测者仍能保证观测继续进行。这一仪器到 1840 年才被改进。

有了这一原理作依据，高斯曾发出奇想：用 100 个平面镜制作一个巨大的反射器，就可以将日光反射到月球表面；如果能把天文学家送上月球，他们就能根据反射光轻而易举地测量经度差。

虽然有些想法是无法实现的，但幻想是人类创造力的源泉之一，这种幻想是极为可贵的。高斯喜欢异想天开，并提倡大胆幻想、猜想，他有一句让世人醍醐灌顶的名言：“没有大胆的猜想，就不可能有伟大的发现。”如今的数学猜想如雨后春笋，磨砺了一代又一代人的慧心慧眼，有的已经被证明，闪现着数学家们智慧的光彩，闪耀着电光火石般璀璨的数学思想方法。

高斯每年都要撰写一篇测地工作总结报告，这些报告于 1828 年汇集出版，题为《利用拉姆斯登仪观测所确定的哥廷根与阿唐那两天文台之经度差》。高斯在该文集中每一次将地球球面视为一个水准曲面，他说："所谓地球球面，就是一个与重力场中每一点的重力相垂直的几何面。"后来他继续研究他的位势理论，并将他测地工作的心得总结在论文《高等测地学研究》中，之后他的工作被德国测地学家所发展，著名的"高斯—克吕格尔投影"即是其一。

高斯参加测量工作后期，即从 1825 年开始，他不仅有固定薪水，还有一些额外津贴，因而挣了不少钱。而他从 1807 年初到哥廷根天文台工作兼教学，到 1824 年近 17 年间，他的薪金一直是固定不变的，但家庭负担却有增无减。这笔额外收入使他从 1825 年开始，经济状况有了根本的改善，终于不再为全家人的吃穿发愁了。

高斯在大地测量中，用自己的辛勤劳动挣到了一些钱，物质虽然变丰富了，但长年的劳累损伤了他原本强壮的体魄，1825 年医生诊断他患有气喘病和心脏病，迫使他停止野外作业。但大地测量工作还没有完成，他不能离开，为了照顾他的身体，只好不让他去野外实测，只让他坐地指挥整个实测计划的执行。汉诺威全境的测量直到 1847 年才结束，前后花了 27 年，可见其工程之宏大。

高斯全力投入测地工作的 10 年是他第二次创造性工作的高峰时期。他在 1825 年致奥尔伯斯的一封信中说：“我这些年来，虽然辛勤地工作，但没有把萦绕脑际的许多思想加以实现。”高斯的“许多思想”，就是指在测量实践中得到的真理，他想把这些经验升华为理论，使之系统化、科学化，澄清测量热潮中出现的歪理邪说。现在，高斯不去野外做具体工作了，有时间把“许多思想”整理成文了。这些“思想”太多了，他只好一条一条地摘记在“科学日记”本上，等待时机的到来。

1822 年，时机来了。丹麦哥本哈根科学院设奖征答地图制作中的一个难题，然而这个问题正好用到高斯在大地测量中的思想之一，高斯笔酣墨饱决心一试。当他真正静下心来研究这个问题时，才发现原来自己曾经的思考是那样的肤浅。他脸上掠过一丝苦笑，便伏在桌上继续懊恼地思索着。他满以为有了实测数据和方法，便可轻而易举地攻下这道难题，然而，这道征解难题一时间却使他落进了无底的深渊，不能自拔。他在心中自问：“怎么得不出想要的答案，难道我的创造力开始下降了吗？我的智慧无法登上真理的峰巅了吗？”

高斯是喜欢向科学难题挑战的勇士，遇到难题，十分投入，不解决绝不罢休。休息几天后，他改变进攻这道难题的思路和方法，从另一个方面向难题进攻。攻坚阶段开始了，他废寝忘食，夜以继日，潜心研究，探测精蕴，进行了大量的推理和演算。功夫不负有心人，他终于攻克了这道难题，撰写出名为《将给凸面投影到另一面而使最小部分保持相似的一般方法》的征文解答。在第二年即1823年，他以独到的思路、高深的见解获得最高奖。论文在1825年正式出版。

高斯这篇永垂青史的论文，在数学史上首次对保形映射作了一般性的论述，建立了等距映射的雏形。

1827年，高斯又完成出版了《关于曲面的一般研究》，这是他在十多年的测地实践中得到的另一个精华。他提出了内蕴几何的新观念，成为此后长达一个多世纪微分几何研究的源泉。

事情是这样的，高斯每天从实地测量中得到了很多数据、资料，但一直有一个问题萦绕在他脑海中："能不能设法利用已有的大地测量数据来确定地球的大小和形状呢?"为了解决这个问题，高斯又从应用数学的研究中转到了纯数学的研究中。因为地球的表面不是平坦的，而是曲面形状，这种曲面图形（曲面几何）有什么性质呢？高斯对野外测量记录的数据材料进行剖析，渐渐地，找到了这些数据的规律，曲面几何的性质也随之渐渐明朗化。有了初步结论之后，又返回去实践，经过从具体到抽象，从抽象到具体的反复论证，高斯终于找到了这个问题的数学理论根据，建立了微分几何中关于曲面的系统理论。

继欧拉、蒙日之后，《关于曲面的一般研究》一书的出版将微分几何大大向前推进了一步，并决定了这一学科发展的基本方向。在这部著作中，高斯指出了一个极其重要的结论：曲面上曲线的长度是表示该曲面形状的唯一标准。有一位科学家在看到《关于曲面的一般研究》后激动地说："这部著作对微分几何与曲面论的发展是极其重要的，它不仅提炼出了内禀曲面理论，而且在微分几何中获得扩展和系统化。"现在大学里的微分几何，有大部分材料源自高斯的发现。高斯所用方法是独创的，与老数学家蒙日的方法完全不同，他从理论与实用方面来考虑，即把理论的分析与高等测量学紧密相结合。书中有些定理的提出与证法也很精辟、完美、漂亮。

高斯研究出的曲面理论，后来被他的学生、著名的德国数学家黎曼所发展，从而建立了以他的名字命名的"黎曼几何"这门崭新学科。这门学科后来成为伟大的物理学家爱因斯坦广义相对论的数学基础。

后人赞誉上述两项伟大理论成果是高斯对测地学永垂青史的贡献。

高斯在1809年创建的"最小二乘法"的理论方泆，现在又应用在大地测量数据处理上，实践证明了理论的无比正确，实践的检验充实、提高了理论并使其更加完整。于是，又一篇完善的研究成果诞生了，1821年前后，一篇比较详尽地阐述"最小二乘法"的论文问世了，受到了科学界的高度重视，高斯这种坚忍不拔、精益求精的治学态度更为大家所赞誉。

高斯经过缜密思考，在实用天文学论文中首次成功地应用了他的“最小二乘法”的纯数学理论，这个理论成为他研究天文学、整理观测数据必不可少的工具。这是理论与应用巧妙结合的典范。1812 年，他在致数学家拉普拉斯的信中，诙谐地写道：“1802 年起，我几乎每天都在用‘最小二乘法’计算新的行星轨道，它已成为我研究天文学的最孝顺的女儿了，时刻帮助我走向科学应用之路。”

1803 年，高斯曾经和阿尔伯斯讨论过这种方法，他们都肯定了“最小二乘法”这项纯数学工具的研究成果的价值。高斯深有感触地说：“科学是造福于人类的，如果研究出来的成果全都束之高阁，那岂不是浪费了我们的研究，更是成果自身的悲剧。”

阿尔伯斯赞同并生动地比喻说：“如果说科研成果是一个金饭碗，如果不推广应用，岂不是手捧金饭碗，到处讨饭吃吗？”

“是的，只有扔掉讨饭碗，才能捧回聚宝盆。”高斯一针见血地说。

关于“最小二乘法”的发现，其实并非高斯一人的专利，还有一位法国大数学家勒让德也发现了“最小二乘法”，并且发表论文比高斯早，于是曾有人怀疑高斯剽窃了勒让德的成果。这种非议在少数人的舌头上滚来滚去，但他们找不到一点证据。

本来，自然科学和数学是人类共同的财富，它的诞生和发展凝聚着许多科学家的心血。由于社会实践的需要，一种学说、一个理论先后或几乎同时在异地被发现和发明，是非常平常的事情。往往有许多科学家同时或先后为之奋斗，互不相关地独立地做出了相同的成果。在当时，由于信息流通渠道不畅，或由于传统的保密思想，新成果仅在几个人之间传播，并不像今天，一旦有了研究成果就可以立即通过报纸杂志、电子邮件或传真迅速快捷地传播到世界各地，可以让人们确定发明或发现的先后。因此常常发生发明权或发现权先后的争论，造成了历史上多次“发明权之争”。有的争论还很激烈（如微积分、非欧几何、三次方程求根公式等的发明权），有的在短时间内水落石出（如解析几何发现权之争），有的至今仍是一个悬案，尚未解决（如勾股定理的发现）。

综观高斯的一生，他待人接物都极力避免感情用事，而且特别厌恶争吵。当听说剽窃勒让德成果的非议时，他泰然处之，没有激动或者拍案而起，甚至都没有写文章为自己进行辩白，他只是在给友人的信中说清事情的原委。后来，别人的怀疑如昙花一现，成为过眼烟云。

算史书上公正地记载说：“最小二乘法”是由高斯和勒让德二人各自独立发明的。

在测量问题中，大量的计算也推动高斯不断完善最小二乘法及对统计规律进行深入研究。在 1823 年发表的论文

《与最小可能误差有关的观测值的组合理论》一文中，他以数学的严格性推广了“最小二乘法”，使它在任何概率误差的假设下，都以最适当的方法来组合观测值。这也是一项了不起的贡献。

关于高斯在测地理论的工作方向，有人作了概要介绍说：高斯根据保形变化的一般理论，给出了平面到平面、球面到平面和旋转椭球面到球面的保形映射的实例。他还在《利用拉姆斯登仪观测所确定的哥廷根与阿唐纳两天文台之经度差》一书中，首次提出“可将地球表面积视为在其上每点与重力方向垂直的几何面”，以后发展成为他的位势理论。

高斯在测地学方面取得了令人瞩目的成果，作出了巨大的贡献。后来在 1844 年和 1847 年，他发表了测地工作总结性论文《高等测地学研究》，成为德国测地学的基础，后被德国测地学家发展，著名的高斯—克吕格尔投影即是其中之一，它是横向墨卡托投影的推广。

在实践活动中，大自然也常给高斯出一些题目，只要在他的知识范围内，他都努力地进行了研究，并作出了许多成果。一个科学家对高斯说：“您要是关在屋子里做学问，可能一年只有几篇论文问世，但在大地测量实际工作中，您却研究出了那么多的成果，写出了那么多高水平、新领域的论文。”

想当初，高斯参加大地测量，许多人表示惋惜，如年轻的贝塞尔，在1823年曾经直言不讳地写信劝告高斯放弃实地勘测工作，并说："你花费巨大精力去野外测量，虚度年华，不如继续研究天文学，把它的科学真理向前推进一步才更有价值。"高斯不同意他的观点，立刻回信反驳说："世上所有的测绘与度量，确实比不上哪怕是将科学真理向前推进一步来得有分量，但我觉得，不可能凡事都用一种绝对的标准去衡量，还应考虑相对的价值。"在信的末尾，高斯非常直接地说出他的动机和目的："无论如何，我觉得我为国家做了一件实际有效的工作而感到宽慰，况且因此而获得的额外津贴也彻底改善了我的经济状况。"

高斯在为国为己获得双重利益的同时，走出书斋，到实践中去搞科研。在实践中有取之不尽、用之不竭的科研源泉。若不是花费巨大精力，甚至不惜损伤身体去实地勘测，他就不可能发明测量仪器，写出有分量的论文，成为德国测地学的先驱。

第三节　发明电报

高斯利用高等数学这个工具，不但解决了天文学中的问题，还成功地解决了大地测量问题，与此同时，他也没有放弃纯粹数学的研究。

从 1825 年到 1831 年，高斯在数论方面又作出了新的贡献。他提出了著名的有关复函数与数论之间联系的主要性质——椭圆函数的双周期性。

1832 年到 1834 年，高斯又把自己的研究方向转向新的领域——物理学。

50 多岁的高斯，在科学研究上，没有暮气，只有一个“闯”字。他不断地尝试着向科学新领域进军，并且，高斯每研究一门科学，一定要做出一些成绩来。也许这个年龄段，正是人生经验最丰富、智力最成熟、情感最深沉的阶段。

他在中学时系统学过物理学基础知识，在大学里也读过这方面的书，所以，他是有一定的物理学功底的。物理学的许多定律及其推导，没有数学工具作后盾，也是寸步难行的。他凭借着雄厚坚实的数学基础，加上勤奋和虚心，从头开始，一丝不苟，认真地学习、研究。

高斯在参加大地测量以后，虽然经济收入有了根本改善，但因劳累过度得了心脏病，精力开始有所下降。他自我感觉创造力也开始下降，他把这个担忧于 1826 年 2 月 19 日写信告诉了奥尔伯斯：“我抱怨自己不能再如此努力而成果不佳，觉得应该去搞有别于数学的其他领域。”

1828 年，高斯第一次也是一生中唯一一次出席了在柏林召开的一次学术会议“柏林自然科学工作者大会”。在会上他遇到了许多老朋友，如著名科学家、柏林科学院负责人洪堡等，又结识了一些新朋友，如才华横溢的年轻实验物理学家韦伯等。

老朋友洪堡诚恳地邀请高斯到柏林科学院工作，以发挥更大的影响。“我保证会给您提供磁学研究方面最好的仪器。”洪堡动员高斯说。

其实，早在1822年至1825年，柏林方面的学术机构就派人找高斯谈过，并保证他调入柏林后的优越待遇。但高斯并不热心，现在老朋友重提这件事，高斯坦率地对洪堡说：“我对磁学的兴趣确实正在增长，但我不愿调来柏林工作。”

“为什么?”洪堡奇怪地问，太多的人主动想调入柏林科学院，却被拒之门外。

“老朋友，实不相瞒，我对柏林这座美丽而漂亮的城市是很欣赏的，可是，我觉得大都市的人办事效率很低，万一调我来担任领导或顾问方面的工作，责任会很重大，与办事效率低的人一起合作，出不了多少成果。所以，我宁愿留在哥廷根工作。”

洪堡非常了解高斯的为人，他一旦决定了的事，十头牛也拉不回来，就如过去他决定转变科学研究方向一样，无论朋友如何劝阻，他都没有改变，并且，作出了成绩。

会议期间，洪堡介绍高斯认识了韦伯，从此两人常常在一起谈论自己研究的学科。韦伯正在研究地磁学，高斯则正准备朝这个方向转移，并且将全力投入物理学领域的研究，此时高斯也正在物色一个像韦伯这样的合作者。两人不谋而合，交谈几次后就拍板合作，并且确定了合作项目。高斯请韦伯到哥廷根来共同研究。1831 年韦伯如约来到哥廷根与高斯一起工作。

高斯搞科研有个特点，就是一旦决定转变研究方向，进入新课题角色的速度是很惊人的。

高斯从柏林参加会议回来以后，每年都会发表一篇质量很高的物理学领域的论文，如 1829 年的《关于力学的一个新的普遍原理》、1830 年的《论平衡状态下流体性质的一般理论原则》、1832 年的《以绝对单位测定的地磁强度》等，这些论文都充分体现了高斯严肃认真的治学态度和科研精神。

高斯与韦伯合作的第一个课题是地磁学。1833 年，经过两人的努力，终于在哥廷根兴建了地磁观测站。洪堡很早就设想建立全球的地磁观测网，当他得知高斯与韦伯已建起地磁观测站的消息后，立刻动身前往哥廷根，要求他俩加入他的全球建网计划，高斯和韦伯愉快地答应了。有了他俩的参与，洪堡这项计划的实施加速了。不久，哥廷根的观测站成了地磁测量的中心，从 1834 年开始，各国都以哥廷根为榜样，纷纷建起了几十处地磁观测站。雄心勃勃的高斯与韦伯为了促进地磁观测方面的学术交流，主动发起成立了一个名为磁学会的学术组织。

在磁学会成立那天，高斯专门讲了一段关于学会工作的精辟见解，他说："学会的生命在于学术活动，学会活动的基本内容是学术交流，学术交流的积极的成果之一是学术论文。从某种意义上讲，学术论文质量的高低，反映了这门学科的水平，也反映了这个学会的工作活跃与否。”

韦伯对高斯的发言十分赞同，接着说：“我们要使磁学会活跃起来，首先要办一个刊物，出版大家的研究成果，至少一年出一期，就起名为《磁学会年度观测成果》吧。”

与会代表也很认可。

这份《磁学会年度观测成果》年刊，从1836年到1841年间共出版了6卷（其中发表了高斯的论文15篇，韦伯的23篇）。后来，高斯在物理学的磁学研究中，又获得了许多成果，如1837年改进了测量地磁强度的仪器，发明了双线地磁仪；1839年发表《地磁的一般理论》；1840年与韦伯合作出版了《地磁图》，并首次将位势论作为数学对象进行了系统的讨论和研究。

不过，在学会正式成立后，高斯和德高望重的洪堡却在感情上出现了裂痕，甚至有些疏远了。原因是高斯发现洪堡的一个地磁实验方案存在问题，提出了不同看法，并进行了严厉的抨击。本来，学术争鸣，提出不同意见是非常正常的一件事情，大家可以通过讨论、磋商以达成共识。可是，洪堡老先生觉得脸面上有些过不去，内心感到极不舒服，因而在与学术挚友高斯之间筑起了一堵高高的、厚厚的墙，从鲜花簇拥的光明大道走进了一条黑暗曲折的小胡同，虽未公开表示不满，却在感情上疏远了。

当时物理学界早已开始重视电磁学了。电磁学是物理学中的应用科学之一，是当时的尖端科学，有许多奥秘待揭，所以高斯选择了电磁学。他认真阅读前人的电磁学理论、实验报告，用心掌握要点，弄清问题本质。在此基础上，他还发明了一种磁力仪。他曾经组织建立了遍布欧洲的地磁观测网来测量大地磁场的变化。高斯通过实测数据的理论分析，提出了一个重要结论：“磁场呈现在全部地球之内。”他发明了磁强计，并且解决了怎样在地表任何地点测量地球磁场强度的问题。他写了一本说明测量磁强的小书，并且把地磁的所有测量分解为现在物理的三个基本单位：长度、质量和时间。

现在中学的物理中，电磁学这部分内容里就有以他的名字命名的“高斯定理”、“高斯单位制”等。所以，高斯在理论磁学和实验磁学的许多方面都作出了重要贡献。

高斯在电磁电报的发明研制过程中，也有一份功劳。

1831 年，德国物理学家韦伯在物理杂志上提出了用电磁仪器进行编码通讯的大胆设想。电磁在当时已经是一门学问了，但电还只是在实验室里研究、使用，并没有应用到实际的生活中。韦伯为了改变邮政传送较慢的状况，决定制造一个较快的通讯机器，特别是在他学习了法国电学家安培（1775—1836）电磁学中基本原理和所做的实验，以及看了电磁铁器件的奇妙功能介绍以后，这位年轻人想利用这些奇妙功能做成编码通讯机器的欲望更强烈了。

韦伯在实验室独自进行实验。不久，他选择在短距离的两地各安装一台电磁仪器，并用一根导线连接起来，接上微弱电流，当甲地发生摩擦时，在乙地收到了甲地传递的信号。韦伯高兴极了！于是，他把实验写成文章介绍了出来。

令人没有想到的是，文章发表以后，一些教授、物理权威竭力反对，纷纷指责说："这种实验是没有前途的玩意儿"、"根本就不可能发明出电报机"。劝韦伯"早点收场，用心去研究物理上的其他理论或实用问题"吧。

韦伯看到报纸上的指责文章以后，虽然有些无法接受，但并没有泄气，相反，更加坚定了他要把电磁学应用于通讯的决心。

高斯每天都要关心国内外经济、时事和政治，经常去博物馆看报。有一天，他在报纸上看到了一篇批评韦伯的文章。于是，他查看了韦伯发表在物理刊物上的文章和一些教授的批评意见。由于近年来高斯已开始钻研物理学，正在寻找数学用于解决物理中的实际问题的研究课题，当看到这些争议后，他决定参与电磁学用于电报方面的讨论。他利用一些时间，阅读电磁学方面的书，掌握了电磁学应用的资料。他开始对韦伯的实验进行定性、定量分析，经过从理论到实践的过程，他在数学和电磁学之间搭起了一座桥，使两者联系了起来。

正当韦伯受到强烈指责时，高斯挺身而出，力排众议，写了一篇有理论依据、有计算过程的文章，公开表示支持韦伯的设想与实验。对于一些教授的攻击，高斯则针锋相对地说："韦伯的研究工作并非是什么无聊的游戏，而是在不久的将来就能把柏林同彼得堡、把巴黎同伦敦连接起来的通讯手段的雏形。"

但是，一些教授认为高斯这位50多岁的老人只精通数学、天文学和语言学，不太懂物理学，因而对他半信半疑。

韦伯在实验室里得知他的想法得到“数学王子”的支持后，兴奋得几乎跳了起来。

“高斯教授，见到您很高兴。”韦伯放下手上的工作立刻前往天文台找到了高斯。

“你还年轻，沉住气，不要被别人的意见左右，努力做自己认为对的事情，胜利在望。”高斯高兴地鼓励韦伯说。

56岁的高斯和28岁的韦伯，这一老一少在高斯办公室一谈就是一天，第二天仍旧谈论着这个“电磁电报”问题。

韦伯发现，高斯知识广博，能说几国语言，记忆力不减当年，在数学、天文学、语言学等方面造诣很深，对物理学也很精通，甚至对欧洲革命、战争和重大的世界科技动态等也了如指掌。从掌握物理知识角度来讲，高斯不愧为一个伟大的物理学家，高斯的语言、风度、作风等更是给年轻的韦伯留下了很深刻的印象。所以，韦伯对别人说：“高斯没有教授架子，谦虚、平易近人。”

高斯与韦伯商讨后决定：两人合作，共同进行这项“电磁电报”的科学试验。高斯是个理论物理学家，侧重理论性研究，韦伯是一个实验物理学家，负责实验工作，他们的合作会非常默契的。

高斯与韦伯一起投入到了研究电磁电报的紧张工作中，在两人联合攻关的日子里，他们合作得很默契，相互支持、相互学习，取长补短、相得益彰。不久，理论与实践相结合的花蕾绽放了，他们在天文台同物理实验室之间进行的好几次试验性通讯都成功了。

1833 年，经过他们的不懈努力，终于成功地发明了电磁电报。

为了纪念这一创造发明，人们在哥廷根塑了石像，表现高斯和韦伯合作发明电磁电报的过程。

电磁电报的理论并不是从天上掉下来的，它是在前人研究成果的基础上诞生的。

1820 年，物理学家奥斯特发现了电流会使磁针偏转，同年法拉第发现了感应电流的理论，高斯他们以这两个理论为基础，发展了电磁电报的理论。理论上的保证，带来了实用电报的诞生。

1833 年，世界上第一份电报出世了，电报的内容是“Miehelmann Kommt”（“米金尔曼来了”，此人是协助他们架设电报装置的机械工），他们共使用了 40 次磁针偏转，通讯距离约 1 千米。他俩利用这部电报机在天文台和物理实验室间互通短小的信息。令人遗憾的是，这部电报机于 1845 年毁于雷击。

他们发明的电报，被人们看成是十分神奇的东西。当别人祝贺高斯并请高斯谈谈感受时，高斯说：“鼓起你的勇气，去做你想做的事情，重要的不在于指望取得辉煌的成就，而在于你百折不挠的精神，和你对理想的忠贞。”

电报是“千里耳”，是当时传递信息最快的工具，在政治、经济、生活和军事中都有着极为重要的应用。高斯与韦伯为了让这一先进实用的通讯工具投入运用，满怀诚挚和期望地向汉诺威政府建议批量生产，但未获成功，致使这项科学技术推迟数年后才造福人类。

1833 年秋天，在一艘从欧洲起航开往美国纽约的“萨和”号邮船上，有一位名叫杰克逊的医生和一位 42 岁名叫莫尔斯（1791—1872）的画家。有一天，两人在餐厅聊天，杰克逊医生拿出了一个奇异的电磁铁给莫尔斯教授看，第一次看见电磁铁的教授好奇地问这问那。教授问：“医生，你能告诉我电流通过导线的速度是多少吗?”医生告诉他，发明家富兰克林进行实验时，几十米长的导线，一端通电以后，另一端同时有电。这突然使画家莫尔斯有了灵感：“要是用电流传输信息，岂不是一瞬间就可以把信息送到千里之外了吗?”于是，已经在艺术上有卓越成果的小有名气的画家、教授莫尔斯，决定放弃绘画，开始研究电学，从事发明电报机的工作。

40 多岁的莫尔斯抛却铺着荣誉和鲜花的艺术之路，开始研究物理学、电学、电磁学。他是个穷教授，物理知识也比较匮乏，更无实验室，学习中遇到了不少困难。但有理想、有恒心的莫尔斯，经过多年的刻苦努力，最终收获到了成功的果实，1838 年 1 月，在他 50 岁时终于完成了电报机的发明，并获得了专利权。

高斯与韦伯两人发明设计的电磁电报，其实比莫尔斯的专利发明要早七年。

德国的一些科学家一直反对韦伯搞实验，怀疑高斯不懂物理，直到知道了莫尔斯的电报机用于通讯以后，才真正的信服了他们。

高斯参加韦伯的实验，在电磁学的理论研究中，做了许多关于地磁力的实验，而善于思考的高斯又从实验中发现了一些规律，并且总结成理论，得到了关于力与距离平方成反比的法则，写出了《地磁的一般理论》一书。但由于高斯等待实验数据的证实，这本书一直拖到 1839 年才出版。

后来为了纪念高斯，磁通量宽度的单位就是以高斯的名字命名的。

1840 年，在高斯和韦伯共同研究电磁电报的过程中，还画出了世界上第一张地球磁场图，而且定出了地球磁南极和磁北极的位置，为后世又作出了彪炳史册的贡献。

高斯活到老学到老，爱好广泛，干一行，爱一行，在每一行都作出了贡献。从此，高斯又被誉为卓越的物理学家，60 多岁的高斯已被公认为是伟大的数学家、天文学家和物理学家了。人们还把他同世界著名的阿基米德、牛顿、欧拉等大师相提并论，认为他是第四位大师。他获得了如此崇高荣耀，光彩照人，堪与日月同辉。

高斯不仅在地磁学方面独树一帜，而且也独步于几何光学理论问题的研究。

高斯在平日工作和研究中，感到当时的光学仪器的色差是一个必须改进的问题，在刻苦研究其他课题之余，他脑海里从未间断过思考怎样解决色差的问题。但凡一个成功者，之所以成功，或许就在于他敢于在黑暗中燃烧自己，以照亮生命的前进方向。高斯勇于在忙忙碌碌中燃烧自己，安排时间给他期望解答的问题。他常对自己说：“只要你心中的渴望不衰，动力不懈，一心思考下去，求实求真，五年之后，十年之后，你再看看自己，会惊讶于时间对你的塑造。”

关于光学仪器的色差问题，经过他殚精竭虑的思考和大量反复的试验，终于找到了解决办法。他提出将不同质地的凸透镜与凹透镜组合使用，这样可以很好地解决光学仪器的色差问题。这种物镜被誉为“高斯物镜”。它不仅可用于望远镜，也可以用于显微镜，在宏观与微观王国里都大有用处。为此，高斯写出了文字优美、想象丰富、落笔有据、言之有理的一些光学论文，如《光的折射研究》。这些光学经典之作，犹如动力，推动了一些学科的车轮在人类文明征程上飞快地转动。

一天，高斯在解决了某个光学问题后十分高兴地回到家里，兴致勃勃地对他最爱的小女儿说：“只要胸中有不减的理想和生活的希望，生命就是一道永不衰败的风景线，期盼解决的难题就会败在你脚下。”

女儿也为爸爸的胜利而高兴，但她提醒爸爸说：“爸爸，您两次科研方向大转移，拼命地搞研究，太劳累了，您要注意身体。您的心脏病时好时坏的，一定要劳逸结合。”

“我知道，女儿几十年来一直关照我的病，提醒我，爸爸已经听话了。”

“爸爸，您……”女儿向爸爸做了一个鬼脸。

父女俩幸福地笑了起来。

第四节　友谊的关照

1807 年，就在高斯被聘为德国哥廷根大学常任教授及其天文台台长之时，普法战争爆发了，法国军队占领了高斯工作所在地——汉诺威。百姓流离失所，担惊受怕，生命安全得不到保障。正在这时，荷枪实弹的几个士兵出现在高斯家门前，门口站着两个守门的士兵，还有几个士兵在门前游弋，这一反常的情况把高斯全家老幼和仆人都吓坏了，不知道数学家、天文学家高斯教授违反了哪条法律，竟出现如此让人不安的场面。不过，这些法国士兵很面善，不是满脸横肉杀气腾腾的样子，也没有进屋抓人的举动，好像是在这儿站岗放哨似的。不久，一位法国军官有礼貌地进入高斯家，要求面见高斯教授。仆人把高斯请出来后，军官先开口问道："您是高斯先生吗?"

"是的，我就是高斯。"

"先生，请您不要害怕，我们是奉法军统帅之命前来保护您及您全家人的安全的……"军官和蔼地说。

"这……"高斯感到不解，打断军官的话。军官立刻抬起双手，掌心面对高斯制止他说："教授先生，事情是这样的。我军统帅讲：我国有位名叫‘布朗’的先生，要求我们派人前来保护您，避免您及您的家人在战乱中生命安全受到威胁，直到社会秩序正常为止。”

听到“布朗”二字，高斯立即想起了远在法国的数学爱好者“布朗”先生，一种发自肺腑的感激之情油然而生。高斯伸出手去紧紧握住军官的手，好像企图通过握手之力将感激之情传递给千里之外的“布朗”先生似的，“谢谢！谢谢！”高斯激动得不知道还应该说些什么。

“不客气，不客气。”军官似乎也受到了感染。

“很感谢你，军官先生，但是确实没有必要。我们这儿很安全，请你们返回吧！”高斯说。

“这是上级的命令，我们不能违命。”军官说。

就这样，高斯在法军的武装保护下，渡过了战争带来的动荡和混乱的局面。不久法军撤离。在此期间，高斯一直安心地进行数学研究和正常的生活。

德国的高斯与法国的布朗是怎样“认识”的呢？布朗为什么如此关心高斯呢？

原来，法国这位名叫“布朗”的人，其实是一位热爱数学的法国年轻姑娘，她为了能更深入地研究数学，假用男孩名与数学家进行学术交流。她的真实名字叫索菲娅·吉尔曼。

索菲娅出生在巴黎一个富有的家庭，当时法国政治、经济矛盾重重，她的整个青少年时期一直处在社会动荡不安之中。

索菲娅是她父母的独生女儿，一直被家人视为掌上明珠。在这种社会骚乱时期，由于害怕女儿发生意外，父母便把她关在家里。她在家里读书学习，过着与世隔绝的生活。小小年纪便遇上这种长期“软禁”，她感到极度孤独与苦闷。但索菲娅是个懂事的姑娘，动乱的社会有时会发生惨案和千奇百怪的事，这些她曾听大人讲过，自己从报纸上也知道一些。所以，对于父母的这种关爱与保护也能理解，因此她听从父母的话，不出家门，专心在家里读书学习。她的父母都是爱读书有学问的人，家里买了许多书，索菲娅做完功课以后，便到家中藏书室自己找书看。她发现了一本数学史书，书中讲了数学的发展过程和许多数学家锲而不舍地研究数学、发展数学的动人事迹。她被这本书深深地吸引了，尤其使她难以忘记的是古希腊“数学之神”阿基米德之死。75 岁的阿基米德还参加保卫祖国的战争，他创造发明了许多军事武器，打得入侵的罗马人落花流水，使英勇的叙拉古人民坚守国门达三年之久。最后，叙拉古因粮食耗尽及奸细出卖而陷落。当时他正在家里专心证明一个几何定理，突然一个杀红了眼的罗马士兵冲进他家，不问青红皂白举刀向他砍去，阿基米德不幸死在这个士兵的屠刀下。索菲娅想：几何学竟有如此之魅力，其中一定有无穷的奥秘。为了弄清这个奥秘，她决定到数学王国里去，登山潜海，寻宝探珠。

索菲娅对数学十分着迷，如痴如醉，到了夜以继日、废寝忘食的地步。她常常背着父母学习到深夜，这下可把父母担心坏了。由于心疼女儿的身体，严厉的禁令又增加了一条：每天晚上必须早早睡觉。为了防止索菲娅偷偷爬起来看书、计算，父母故意不给她柴火取暖，拿走了她所有的外衣。可是第二天早上父母推开门却看到这样一幕：索菲娅伏在桌上，裹着被子睡着了，桌上是残留的蜡烛，写满算式的石板，已经结冰的墨水……父母被眼前的这一切感动了，从此由反对的态度变为热心支持，禁令解除了，收起来的代数、几何学与微积分书也还给了她，索菲娅开始了艰苦的自学。她完全靠自学，打下了牢固的数学基础。

1794 年，18 岁的索菲娅该上大学了，她满心欢喜地去报名，可是巴黎的综合科技大学和欧洲的其他大学一样，校门对妇女是紧闭着的。后来经过开明的数学家和妇女的斗争，欧洲大学的校门才在约 100 年以后向妇女开启，如 1869 年德国海德堡大学开始招收女生。但德国的柏林大学仍旧拒收女学生。

被拒绝进入大学，索菲娅心底里非常失望，但她没有灰心，在父母的鼓励下，走自学大学数学专业教材之路。她跋涉在抽象数学的高原上，拥抱充满生机、瑰丽多姿的数学大千世界。她感受到数学思维高原上这一座宏伟殿堂，不受性别的限制，永远向每一个人敞开着大门。

通过自己勤奋刻苦的钻研和孜孜不倦的学习，索菲娅的数学知识丰富了，有了自己的见解。法国大革命以后，社会风气比较开明一点，大学允许学生向教授们提出自己的看法。索菲娅化名一个男学生的名字“布朗”，给她尊敬的法国大数学家拉格朗日寄去一篇论文，教授看了这篇有独到见解的论文后大为欣喜，连连称赞，他决定前往拜访这位名不见经传的“布朗”先生。见面之后拉格朗日才知道，“布朗”其实是一位被拒在大学门外的年轻女郎。大数学家拉格朗日感到惊异万分，并要求大学破例收她入学，但遭到拒绝。教授决心亲自辅导并教她大学数学。在拉格朗日教授的指导下，索菲娅如虎添翼，增加了攀登数学高峰的勇气。索菲娅到 30 岁时，对高等数学已十分精通了。例如，有一年拿破仑皇帝下令法国科学院悬以金质奖章征求解决“弹性曲面振动的数学理论”问题。从 1811 年开始，索菲娅三次递交了三篇应征论文，最后，1816 年她 40 岁时提交的第三篇论文终于揭下了状元榜，登上了领奖台，从而成为近代数学的奠基人。法国数学家拉维赞赏她说：“这是一项只有一个女人能完成，而只有少数几个男人能看懂的巨大成就！”索菲娅在这篇论文中说：“代数只不过是书写几何，而几何只不过是图形代数。”

1801 年，高斯的成名作《算术研究》出版。

《算术研究》一书共分七节。但该书的叙述由于太简洁，省略了一些推导过程、思想方法和具体内容，尤其是用了许多深奥的数论知识，许多数学家都觉得很难看懂，“理深词简，知之者稀”。索菲娅用心钻研了这部著作，被高斯的精辟论述深深地吸引着，同时也得出了自己的一些结果。

1804年，索菲娅又化名“布朗”给高斯写了一封信，谈论看过《算术研究》后的一些看法，肯定并赞扬了高斯的伟大贡献和亘古未有的成果，同时也指出这部闪耀光芒的著作中出现的小瑕点，“白璧微瑕”而“瑕不掩瑜”。《算术研究》出版以后，高斯收到过很多来信，只有这一封指出著作中的小瑕点，高斯欣喜万分，终于在异国他乡有了知音。从此，两位“先生”凭借着用心曲谱成的书信往来研讨数论，进行学术交流，完善数论大厦坚实与漂亮的结构工程。从此，两人成为科学挚友。

三年后的1807年爆发了普法战争，法军占领了高斯的故乡。想起古希腊“数学之神”阿基米德的死，又联想到“数学王子”的安危，索菲娅异常担忧，寝食难安，她替高斯的生命安全担心。而恰好，攻占汉诺威的法军统帅培奈提是索菲娅父亲的好朋友，勇敢的姑娘毅然前去拜见这位刚从前线回到法国的培奈提将军，要求他对德国的高斯先生进行保护，不要发生古希腊式的悲剧。将军被这位勇敢、善良的姑娘所感动，派出一位密使日夜兼程赶往汉诺威，执行保护高斯的命令。

高斯也是到后来才知道，这位见义勇为的数学挚友

“布朗”先生，原来是一位才高貌美的女士，而不是翩翩少年郎。高斯后来进一步知道，这样一位出众的女子是靠自学成为一位有卓越贡献的数学家的，她至今连一个合适的工作也找不到，她没有文凭、没有学位，更不能当教授。“人才难得呀！”高斯对索菲娅的不幸深表惋惜。

1831 年，55 岁的索菲娅，由于长期忍受社会上对女性的歧视和偏见，郁郁寡欢，悲愤难平，带着对数学事业的执着追求，带着对亲人的眷恋和对生活的热爱离开了人间。此时，她远方的知音、最关心她鸿志难展的朋友高斯，正在德国为她奔走呼吁，希望帮她找份工作、谋个职称或者学位。高斯最后终于说服了著名的哥廷根大学，为索菲娅争取到了一个荣誉博士学位，但当这张迟到的博士证书寄到巴黎时，遗恨终生的索菲娅已经长眠于地下……

高斯与索菲娅长期通信，交流思想，探讨问题，但他们却始终未曾谋面，当高斯得知索菲娅离开人世的消息时，悲痛万分。

高斯在纯数学的研究中是相当孤独的，没有同事的讨论和助手的帮忙，全靠自己赤手空拳、单打独斗，即使在创作高峰期也几乎无人与他进行过直接的学术交流。他常与科学挚友通信，但都极少涉及具体的数学研究内容，纵使他与匈牙利数学家波尔约有着长达 50 年的通信联系，两人也没有在数学思想方法上进行过深入讨论，更谈不上对某篇论文或某部著作进行商榷。唯一例外的是他与化名“布朗”的索菲娅讨论过数论问题。索菲娅直言不讳地对高斯《算术研究》一书中二次互反律的证明，提出自己的想法，高斯对此喜出望外。他认真地研究索菲娅的证明思路，后来，他被她的证明征服了，另外给出了一个包含索菲娅关于二次互反律想法的证明。高斯写信告诉她说：“这个证明包含了您的证法思路，没有您的坦言相告，我是想不出来的。”

高斯在天文学和物理学界都有不少挚友，他们不仅切磋学术，而且过往甚密。现存的 7000 多封高斯的通信中，跟这些人的信件占极大比例。

现在，唯一能与他进行纯数学交流的女数学家索菲娅过早地离世了，高斯的心里非常难过。

索菲娅的死，更加唤起人们为妇女争取享受高等教育、工作等与男子平等权利的意识。1891 年全世界第一位俄国女数学家、女博士、女教授、女院士科瓦列夫斯卡娅去世时，人们还在为妇女半边天的社会地位、作用和权利而斗争，尤其是科瓦列夫斯卡娅在临终前留下遗愿：献出自己的头脑供医学界作标本。她想通过解剖来证明“妇女是否是低能的”，因为当时德国有一位医生写了一本书论证“妇女的头脑是低能的”。

现在，歧视妇女的制度已经废除，妇女们要更加自尊、自爱、自强，保卫来之不易的成果，积极地与男性一起投入到改造大自然的战斗中去，体现女性的社会价值，为人类发展作出贡献。

第四章

辉煌的一生

高斯对待好学的青年人总是耐心指导，悉心呵护，让青年人较早地有机会一展风采。对待自己的老师，更是心怀感恩，铭记在心，不忘师恩。高斯全力投入物理研究的时期，也是他的家庭变故最大、烦心事不断的时期。高斯的一生是伟大的，是辉煌的，他为后人留下了丰厚的科学遗产和宝贵的精神财富，他为全世界的数学研究作出了杰出的贡献。

第一节　淡泊名利

1800 年，高斯发现了椭圆函数，但只粗略地写出了主要思路和一些结果。他恪守“问题在思想上没有搞通之前决不动笔”的原则，把写好的手稿放置起来，只有等到彻底理清思路才写成论文发表。因此，他把这篇椭圆函数的论文冷冻了起来，又转去研究其他问题。

30 年后的 1830 年，哥尼斯堡大学的年轻教授雅可比，在研究椭圆函数理论时成效显著，他常常去拜访高斯，向高斯请教问题，并报告自己的研究进展情况。每次高斯总是耐心指导，认真解答。后来高斯发现这颗新星在椭圆函数研究方面很有希望，是个人才。于是，雅可比再去请教时，高斯教授都会从角落里找出一叠已经发黄的手稿，指给他看一些内容。原来，雅可比的“最新成果”，早在 30 年前就被高斯发现了。

这件事对雅可比是一个打击。高斯却像慈父一样鼓励雅可比不要灰心。“我感到非常高兴与轻松，”一次高斯对雅可比说，“因为有了你的卓有成效的研究，现已推进了椭圆函数的理论，我可以不必再字斟句酌地把我过去研究的成果写成论文发表了。年轻人不要有顾忌，勇敢地前进吧！”

雅可比知道恩师高斯治学严谨，善于思考，创造性灵感非常丰富，但高斯把尽快地将思想诉诸系统的文字并拿去发表视为苦差事。雅可比也深深知道，关于椭圆函数的发现权是属于高斯的，但高斯却不要，更不去争，而是有意地把这个可以使个人受益终身，甚至惠及子孙后代的荣誉让给青年人，让青年人较早地有机会一展风采，脱颖而出。

后来雅可比与挪威数学家阿贝尔先后独立地发现了椭圆函数，成为“椭圆函数理论”的奠基人。当雅可比在出版《椭圆函数的新基础》一书时，他没有忘记高斯淡泊名利和谦逊的美德，他在书中写出了事实的真相，说明他的恩师早在30多年前就发现了椭圆函数，并且为他进行无私的指导和提供研究成果。当然，人们以发表的文献日期为根据，还是把雅可比（以及阿贝尔）作为这门数学分析领域新学科的创始人。这件事在数学界成为美谈，高斯成为科学道德的光辉典范之一，并且流芳后世。

1849年是高斯获得博士学位50周年，7月16日，哥廷根大学、柏林大学以及数学界的朋友、大学生为高斯举办了一次庆祝纪念大会。

庆祝会是在哥廷根天文台的一间大厅里举办的。当天傍晚，大厅内灯火辉煌，照得参加会议的人个个容光焕发，分外生动。这时的高斯虽年逾古稀，但仍旧精神矍铄，思维敏捷地与人谈笑风生。

主持人在庆祝会上颂扬了高斯获得博士学位50年来的光辉成就：高斯对数学的研究为德国数学的发展带来生机，为数学宝库加入了闪亮瑰丽的珍珠，成为世界数学史上四大数学家之一。接着高斯简言致谢，最后来宾们即席发言，整个会场气氛热烈，弥漫着花香、烟香、水果香、葡萄酒香……

突然，高斯的学生、柏林大学教授、解析数论创始人狄利克雷一个箭步冲向高斯，迅速从高斯教授接近烛火的手上夺下一张纸。原来，坐在高斯不远的狄利克雷，看见他毕生钦佩的高斯老师正准备用他的成名著作《算术研究》的一张原始手稿点烟斗，非常吃惊，眼疾手快地跑过去从老师手上抢下手稿，奉为至宝，终生珍藏。狄利克雷死后，人们从他的论文手稿中发现了这一页手稿。

狄利克雷为什么这样做呢？因为他对自己的老师高斯非常崇敬，可谓尊师重教的典范。平时他身上总是带着高斯的名著《算术研究》一书，即使出差旅行也不离身。他还花了许多精力对高斯这部名著进行整理和研究，并且作出了一些具有创造性的新成果。由于高斯的这部著作远远超出了当时的认知水平，非常难懂，以致学术界对这部著作采取敬而远之的态度。狄利克雷却别开生面地应用了解析方法来研究、宣传、介绍高斯这一著作，写出了最精彩的研究高斯数论的佳品《数论讲义》一书，让更多的人能真正理解。因此，当他看到高斯老师要烧掉一页手稿时，他的心为之一颤，果断地采取了上述行动。

数学家狄利克雷是一个数学迷，也把自己的一生奉献给了数学事业。他对个人和家庭都漫不经心，对孩子也如数学般的刻板，因此，他的家人和亲友对他都有很大意见。他的儿子常说：“啊？我的爸爸吗？他什么也不懂。”他的一个调皮的侄子说得更生动、形象：“我六七岁时，从我叔叔的数学健身房里所受到的那些指教，是我一生中最可怕、最难忘的一些回忆。”甚至有这样的传说，他的第一个孩子出世时，他向岳父岳母大人写信报告喜讯时，信上只写了一个式子：2 + 1 = 3。

高斯去世时，狄利克雷被聘为哥廷根大学教授，继承高斯的职位，完成高斯未竟的数学事业。

高斯在数学、天文、物理等领域创造了许多奇迹。“创造”一词在高斯的人生词典里，是一幅深邃的意境：不仅仅像是一丛芳草在春天的阳光下微笑，又不完全像火山喷发那样短促而绚烂壮观。高斯的创造是顽强不息、拼搏进取的象征和表现，是科学艺术创造和精神升华的完美图画。因此，人们常用高斯的创造精神和他的话语来要求、鞭策和规范自己。人们把名人高斯的讲话或著作里的一些语句作为名言警句。有位哲人曾说：“警句如蜂，形体短小，而又有蜜有刺。”因此，好的警句能使人奋进，或者做一面“镜子”。

但是，“名人的话”也并不都是名言，数学权威高斯的话也并非都是名言，句句真理，有时他的个别断言还招来异议。

有一次，高斯在文章中写道：“科学规律只存在于数学之中，而化学则不属于精密科学之列。”这句话引起了生卒先后只与他相差一年的意大利化学家阿伏伽德罗的注意，并提出了异议，他认为，“数学虽然是一切自然科学之王，但如果没有其他自然科学，数学就失去了自己的真正价值”。

当高斯看到阿伏伽德罗有不同看法时，有点沉不住气了，于是他针锋相对地反驳说：“对数学来说，化学充其量只能起一个女仆的作用。”

有一天，这两位科学家相遇了，他们为还没有达成共识的问题又开始争论了。阿伏伽德罗一直认为受到了高斯之辱，为了回敬高斯那句断言，他很礼貌地请高斯先生到实验室。化学家在高斯面前做了一个实验，他把 2 体积的氢气放在 1 体积的氧气中燃烧，结果获得 2 体积的水蒸气。这时化学家得意地喊道：“高斯先生，请看吧！只要化学愿意，它能使 2 +1 =2，而您的数学能做到这一点吗?”

聪明的高斯在那一刻明白了，他的断言确实是不全面的，他向化学家表明了这一点。理解是通向心灵的阶梯，两位科学家的争论冰释了，达成了共识：“数学是一切自然科学之王，是工具，是基础；化学也是精密科学之一，两者不存在主仆关系。”两位科学家心灵的沟通，无法用语言形容，无法用画笔描绘，无法用美玉雕塑，无法用摄影再现，只有他俩能用心灵去感受和体会。

从高斯开始，在他的带领下，黎曼、雅可比、狄利克雷等在数学研究上作出了开拓性、创造性的成就，使德国数学水平逐渐赶上了当时世界第一流的英国、法国，跃居世界前列。后来又经过克莱因、希尔伯特等人的继续拼搏，到了 20 世纪初，世界数学中心终于从英、法转移到了德国。高斯在这一转移中奠定了基础，为德国后来成为数学强国立了大功。

第二节　师恩永存

时光荏苒，高斯已经是一位鬓发斑白的老人了。高斯的父母已过世多年，舅舅退休在家，高斯常常接济这位给自己引过路的长辈。

一天，舅舅到高斯家来玩，并转告高斯一条消息：“布伦斯维克小学的老师布特纳已经是 70 岁的老人了，桃李满天下。他的学生一致要求当局为他举行‘从教五十周年’纪念活动，决定下星期天举行庆祝纪念会。”舅舅希望高斯参加。

高斯听了说："布特纳老师是人类智慧的传播人，一生辛苦培养学生，他对我的栽培我永远不会忘，我一定去。"

一旁的高斯夫人听后对舅舅说："你外甥这几天身体状况欠佳，乘车不方便。写一封贺信，再带上礼物，请舅舅代表不是很好吗？"

"可以，可以。"舅舅同意了。

"我应当去，我能有今天的成就，与布特纳恩师的发现、培养是分不开的，怎能不亲自去呢？"高斯坚持说。

"布特纳老师是值得尊敬的人，首先发现了你，也的确花了许多心血培养你，照理说，应当亲自去。可是，你近几天病了，走路都很困难，还是不去为好。再说，你有今天，也不要忘记舅舅，他更是一位伟大的启蒙老师。"妻子坚持着说。

"我看外甥就不必去了。你放心，我一定能将你的心意亲自传达给布特纳老师。还是请外甥快写封贺信吧！"舅舅说。

"好！我听你们的。不过，太遗憾了。万望舅舅代我转达，并请他来天文台住一些日子。"高斯说。

庆祝布特纳老师从教五十周年活动的日子很快到了，来自全国各地的祝贺者中，绝大部分都是他的学生，也有少数家长。布伦斯维克城里，男男女女都穿着盛装，潮水般向布特纳老师的住处涌去。他们中有满头白发的老年人，有年富力强的中年人，有朝气蓬勃的年轻人，还有天真活泼的儿童。祝贺者笑语满堂，春风满面，沉浸在节日似的欢乐之中。

布特纳老师今天状态也很好，稳步走在祝贺者中间，与他们握手、拥抱、问好、寒暄。过去课堂上亲切、洪亮的声音，仿佛又把学生们带到童年，勾起了他们对美好童年的回忆。

腓特烈走上前去，紧紧握住布特纳老人的双手说："高斯教授近日身体不舒服，他坚持要来，被我们劝阻了。今天特委托我代表祝贺。他邀请老师去哥廷根天文台做客……"舅舅把要传达的话一气说完。

"谢谢，谢谢。高斯教授不必亲自来了。他也跟我一样，青山白了头。只要他心里还记得我，那对我就是最大的安慰了。日后一定去拜望。"布特纳老师激动地说。

纪念会开始了。大家都要求腓特烈舅舅代表高斯教授读贺信，人们尊敬高斯，更了解老师与高斯的特殊关系。腓特烈先生也不推辞，登台念了高斯的祝词：

敬爱的布特纳老师：

在您执教50周年之际，请接受您的学生真诚而热烈的祝贺。

50年来，您的学生桃李满天下。过去我们欢聚一堂，今天在祖国的四面八方，成为祖国建设的栋梁。回想老师日日夜夜的心血灌溉，手把手地培养，又怎能不使我们回忆起儿童时代的美好景象。

学校是广袤无垠的疆场，初出茅庐的我们，在老师们的指引下，像矫健的骑士自能领略它独特的风光，扬鞭奋蹄，去追逐明天的太阳。

教室像个花园，您面前一丛丛鲜花娇艳欲滴，在园丁的辛勤培育下，鲜花永远长在春天的阳光下。

黑板这一片黑色的海洋，您用粉笔在上面泛起一道道银色的波浪。如今，海平面上已经放射出灿烂的霞光。

布特纳老师，是您在宁静的课堂里，把知识的奶浆一滴滴地滴进我们幼稚的心房，一步步把我们引向知识的海洋。您讲课多么有趣、生动。昨天您教给我们计算、求证，今天，我们已经叩开知识殿堂的大门。

老师，是您在通向科学高峰的崎岖道路上，铺出石梯，让我们拾级而上；是您广搜群著，博采百家，编出讲稿。您为我们终年劳累奔忙，使我们获得了宇观、宏观和微观世界的许多知识宝藏。

我们遇到疑难，您总是温和而耐心地启迪与释难。您的教诲似阳春雨露，滋润了我们的心田；似三月和风，吹散了我们心头的迷雾。

您善于用爱和感情的泉水，拭亮孩子们心灵的窗户，洗掉孩子们心灵上的灰尘。您对学生的爱，不是空洞、华丽的说教，也不是慷慨陈词，而是渗透在对学生的一言一行之中。

您是结成晶莹的冰的清冽的水，您是燃烧起无数火炬的一支火柴，为了我们，您倾注了全部的心血，奉献了全部的才智。在您倾注心血设计的大厦上，有您脚下的红墙。

如今，布特纳老师，您的一头银发，就像晨风中的一片白云，您不会觉得白白地在彩色缤纷里消磨了美丽的时光，因为，您在神圣的事业和圣洁的乐土上，贡献了自己的一切力量；您不会感到空虚，您的伟大功绩，标记在祖国所有土地上；您的每一节课，已经变成了多少个工厂、矿山、钢铁、论文、商品和农牧场。

老师啊！过去见到您深夜窗下的灯影，我们自疚。

听到劳累园丁的咳嗽，我们自愧。

看到您简朴的穿着，我们自责。

我们感激的泪水不能涌向腮帮，只能在心底潜流。

最后，祝老师永远健康。

您的学生 高斯敬上

听完高斯的祝词后，在场的男男女女都热泪盈眶。这封充满激情、发自肺腑的诗歌一般的信，表达了全体学生的心声。布特纳老师更是激动不已，感慨万分。

高斯一直没有忘记儿时的恩师，布特纳老师也时时惦念着这位几十年前的学生。是高斯改变了布特纳怀才不遇的想法，使布特纳几十年如一日地培养了一批又一批的人才。当年布特纳发现高斯的数学天赋时，他也许并未想到高斯一定会成为举世瞩目的科学家。几十年过去了，高斯已是名牌大学的教授和著名天文台的台长了，但布特纳老师仍像几十年前一样，了解这位学生，了解他的成就、他的性格、他的为人和品德。

高斯的成就是伟大的，是受人瞩目的。虽然他出书不多，也只发表了155篇论文，但这些论文多是极其重要的，而且影响深远。

高斯思考得多，发表得少。有许多重要的成果，因他自己认为还不尽善尽美，始终不肯发表。在学术上，他恪守这样的原则："问题在思想上没有搞通之前决不动笔"，只有在论证的严密性以及语言文字甚至叙述体裁等方面都达到无可指摘的程度，才肯发表论文。"宁肯少些，但要好些。"他十分严谨，有时显得过于谨慎，正如他的同事们对他的评价："高斯研究的成果，不成熟是不愿意发表的，这是他的美德。""这一点应该是每一位科学工作者的原则，高斯的这种态度表现出了他对待成果的认真负责。"

高斯的态度过于拘谨，文章过于简洁，他的思想、方法和具体内容很难让人理解，真是理深词简，知之者稀，更不用说及时理解、消化了。

他的学生，德国数学家雅可比说："高斯的证明是僵硬地冻结着的，人们必须将它们熔化出来。"挪威年轻的数学家阿贝尔更形象地说："高斯像是狐狸，用尾巴扫沙子来掩盖自己的足迹。"

一位数学家又生动地评论说："高斯教授，几乎没有人在数学上与他一起进行创作，这说明什么？他对研究有谨慎的态度是好的一面，但是过于谨慎，过于简洁，往往使一些数学思想的火花，不能被别人看见，有一些星星之火，不能在集体的智慧中燎原，这是高斯治学里美中不足的。"

科学家们对高斯的评论并不是没有根据的，高斯在数学上的许多重要思考，都只留在他的草稿堆里和日记中。用文字留下来的这些思维痕迹，往往十分简单，缺少分析和思考过程，有的只写出结论，有的只写出猜想，有的只有简言细目，有的只有一点点推理过程，这些东西即使交给别人，别人也很难真正读懂他的思想、方法和思维过程。高斯死后，他的 12 卷文集的整理出版工作延续了 50 年之久。

高斯在阐述理论和写证明过程的时候，总是省略探讨和分析的过程，他喜欢用最精炼的结构，最简洁的语言来表达他的论证。他可谓节约语言的典范，文章简洁的楷模。正如英国戏剧大师莎士比亚（1564—1616）曾说过的："简洁是智慧的结晶，冗长是肤浅的藻饰。"因此，人们只能看到他简练、完美、精彩和令人钦佩的论证结果，却无法知晓他的认识过程和想法。一次，有一位科学家大胆地问他："高斯教授，您写论文为什么要这样呢？"高斯解释说："瑰丽的大厦建成后，应该拆除杂乱无章的脚手架。"

高斯是一位兴趣广泛、多才多艺的科学家。他在研究数学、物理学和其他科学之余，还广泛阅读当时的欧洲文学和古代文学作品。他对国际时事和政治也很感兴趣，每天最少花一小时读报纸，人们常常看见衣着朴素、举止文雅的高斯在博物馆里专心读报。他很喜欢语言和文学艺术。他认为：如果一个科学家只有单一的专业知识，没有其他的一些兴趣、爱好，要想在思想上保持青春，眼光敏锐，有所作为，恐怕是不可能的。比如理工科的学者需要撰写论文，那他就应懂得文学、历史，以提高阅读和文学写作能力，有些论文缺乏用词遣字的功力，这跟文学修养差有关。总之，一个人的兴趣不能太窄，业余生活更应该充实，丰富多彩。

高斯会说十几种外语。他很重视外语的学习，认为利用外国语言工具，可以直接从国外名家的字里行间汲取营养。高斯 62 岁的时候，在没有人帮助的情况下还自学俄语。仅仅利用两年时间，他就能顺畅地直接阅读俄国作家和诗人的散文、诗歌及小说，而且可以用俄文直接和俄国彼得堡的科学家通信。东欧与西欧语言文字、语法差异较大，相互转换是要下工夫的。有一些前来拜访他的俄国科学家发现高斯的俄语说得比较准确，就问他：“教授的俄语是哪位老师教的?”高斯解释说：“听别人读字母以后，自己学习的。”

天文台的同事们很喜欢他这样一位终身台长。高斯严于律己，宽以待人，对人谦逊，态度和蔼，他的部下都很尊重他，常和他一起交流天文观测等问题。

哥廷根大学数学系的师生，也很喜欢高斯教授。高斯讲课语言精辟，要言不烦，旁征博引，表达生动。他分析问题透彻，推理严密，经常深入浅出地把外界或自己研究的新成果介绍给学生，启发学生们怎样治学、研究，怎样发现问题，如何解决问题。常言说，“学生是教师的影子”，高斯学到了舅舅、布特纳老师和巴特尔斯老师对待学生不仅耐心启发，一丝不苟地传授知识，而且还注意介绍学习方法和培养独立工作能力的教育理念。

布特纳老师一生中培养了许多人才，高斯是其中最杰出的一位。高斯虽已是世界知名的大数学家、教授，但他从没有忘记过布特纳老师的培育之恩，他总把自己的成长和成就跟布特纳老师联系在一起，到老都还从布特纳老师对自己的培养中吸取经验。他也像布特纳老师一样，十分注意发现每个学生的天资，用心爱护和引导，不要求甚至不希望学生都跟老师一个样，只顺着老师的脚步走。

第三节 培育青年人

一个初秋的晚上，一群儿童来到天文台，请老教授、台长高斯给他们讲讲读书的方法。高斯请他们在庭院花园里坐下。他首先讲了读书的重要性。他说，书不会教人如何去吃饭，如何去做具体工作，但它能拓展人的视野，丰富人的想象力，锻炼人的判断力，从而提高人的审美能力，照亮人的精神世界，使我们这个世界更文明，生活更美好。因此，一定要多读书，读好书，一句话，读书破万卷，下笔如有神。接着高斯说，读书学习不能盲目，要讲究方法，法国数学家笛卡儿早在1637年就认识到了方法的重要性，专门写了一篇叫作《方法论》的论文。因此，无论是做研究，还是做学问都要有好的方法，才能迅速达到目的。接着高斯指着天空对孩子们说："天上星星很多，如果学会看星象图的方法，就能很快了解星星的位置和它们的相互关系。这好比读书学习一样，掌握了学习方法，就能很快掌握知识的内在联系。太阳、月亮、星星在天空都按一定规律运行，科学知识也有一定的规律，就看你能不能发现它们……"

高斯从天上讲到地下，从生活讲到技术，列举了许多实例，说明学习不能只做表面功夫，重要的是要发现知识的规律，找出内在联系，把已知与未知用一座金桥连结起来。

"高斯教授，您小时候是怎样学习的？"

"高斯爷爷，您的学习方法是怎样的？"

高斯说："我过去的学习方法总结起来就四个字：读、思、算、结。"接着高斯详细地讲了每个字的意思，"读，就是阅读书籍，主要读课本和有关的参考书。学会读书，并不简单呀！”

“这很简单，我也会读书的。”一个男孩抢着说。

“你会读？怎样读？读书并不是简单的事情，里面的学问可多呢。”高斯不同意地说。同伴们都一起望着这个男孩，男孩伸了伸舌头，做了一个鬼脸。

高斯说：“自然科学书籍，不像文学作品的故事那样吸引人，这就要求我们读书时更要专心致志，思想要跟着书的逻辑思维，努力掌握概念的本质属性，推理的思想方法，真正弄清每个知识的字义、词义、句义。通过粗读、熟读和精读，逐步从粗略通、精细通到融会贯通。”

“思，就是思考。思考是求知的钥匙，掌握它，就掌握了开启探索求知大门的方法。”高斯接着讲道：“俯而读，仰而思。就是读书与思考关系的形象简语。”高斯举例说，晴朗的夜晚，仰望天穹，银河高悬，斜贯长空，繁星点点。这时，一个善于思考的人就会想到我们这时看到的那闪烁的星光（除太阳系行星外）是何时发出来的。有了这个问题，就要开始思考，查资料解决。

“算，就是计算或实验，就是要动手。”高斯又举上面的例子说，通过资料得知光速、观测者与星星的距离，然后，根据“时间＝路程÷光速”公式便可计算出我们看到的星星之光是数年乃至数千年之前所发出的光。同时也可求出两星间的距离，比如“牛郎”与“织女”两星之间仅一条银河之隔，通过计算可以大体算出两星的距离是16光年。再根据光年概念，便可以想象出它们的距离是很遥远的，假若“牛郎”给“织女”发一封电报，也要16光年以后才能收到，若是坐火车去，怕是要坐几百万年哪！

“哇！这么远呀！”孩子们异口同声地惊叹道。

高斯接着说：“结，就是自己要善于把问题、过程都进行总结。把问题提纲挈领地归结为几点，便于记忆与应用。”

最后，高斯教授还举了一些生动有趣的例子，打了许多比方，说明学习既要动脑又要动手的意义。孩子们听得入了神……

庭院里除了高斯老人的声音和远处蟋蟀的叫声外，再也听不到别的声音了。

夜渐渐深了，孩子们依依不舍地和高斯告别。

第四节　难言的家事

在高斯全力投入物理研究的时期，也是他的家庭变故最大、烦心事不断的时期。

高斯共有六个孩子，长子约瑟夫的外貌和某些性格都和父亲很像。他15岁就随父亲参加汉诺威地区的测量工作，后来在工兵部队服役 20 年，官至上尉，于 1846 年退役，成为汉诺威铁路系统的四个主管之一。长女密娜的长相、脾气和母亲约翰娜很像，高斯一直觉得她和约翰娜就像一个模子造出来的，因此对她特别疼爱。1830 年她和哥廷根大学一位教神学与东方语言的教授埃瓦尔德（Ewald）结婚，生活美满，但身体和她母亲一样脆弱，年仅 32 岁就因患肺病不幸去世。次子路易斯 1809 年出生，五个月后夭折。

高斯与续弦夫人米娜有三个孩子：儿子欧根纳、威汉和女儿特雷泽，两个儿子令高斯操碎了心。

先来讲讲欧根纳。欧根纳虽不是神童，但却像父亲一样，学习成绩优秀，在读中学时与他父亲的兴趣爱好一样，钟情于语言学和数学。对这两门学科的兴趣与才能，显示出他的智慧光芒。中学毕业后，读大学选择专业时，儿子想读自然科学方面的学科，继承父志，将来做一位科学家，但却遭到了高斯的强烈反对。父亲要他选择法律专业，将来当一名律师。欧根纳坚决反对，坚持不读文科。平时不感情用事，又善于控制自己情绪的高斯，在这个问题上却像受伤的雄狮，暴跳如雷，他坚持要儿子去读法律。这一时期，高斯出现了一反常态的性格，究其原因，主要是他的第二位夫人米娜长期患病，饱受病痛的折磨，给高斯造成了很大的心理压力，使其无法控制自己的情绪；另一方面，在学术上高斯与洪堡出现感情上的疏远，使高斯心情不快。

当时米娜已经病得很严重，卧床不起，父子间的争吵无疑使她的病情雪上加霜，她自身难保，更无力去缓解父子矛盾，尽管劝说过几次，但情况没有好转，只好把气吞进肚里，酿成后来早逝的苦果。

后来，儿子欧根纳终因拗不过父亲的威严，不得不去读法律，当然他这样做也是为了不让母亲伤心。这件事与高斯年轻时主张自己选择职业相悖。儿子对于父亲这样一个掣肘的决定，只有行动上服从，但父子没有心灵上的沟通，他虽然依父命读法律，却心不甘情不愿。这些矛盾在他心中沉积，使他收住了奔驰的思想，变得寡言少语，充满悲愤，感到失望。矛盾的心情，令他失魂落魄，好像人生失去了光明。

有一天，欧根纳对一个同班要好的朋友说："我在这儿，思绪纷繁，心乱如麻，苦恼极了。真不想读这个遵从父旨而选定的专业。"

苦恼与日俱增，无边无际，欧根纳烦躁到了极点，可是，人们来去匆匆，没人理会他的苦恼，小妹妹特雷泽虽好，但也只是站在父亲一边安慰他；弟弟威廉热衷于自己到乡下去务农的事情，顾及不到哥哥的心病；母亲又久病不起，他不能在母亲面前讲出自己的苦恼，甚至不能流露出一点对父亲不满的情绪，还要尽力表现出喜欢法律专业的样子；父亲慈祥，却固执保守，虽是好心选择好专业，却违背儿子的志趣。他认为只要知道儿子坐在大学法律班读书，一切问题就都解决了，加上为新开拓的物理学研究而埋头工作、撰写论文，高斯也没有时间与儿子交流，让儿子的苦恼“滚滚地流出来”。

欧根纳失望极了，学好科学知识的精神防线崩溃了，似乎自己被遗弃了。他开始放纵自己，从少喝一点酒到终日酗酒。他还迷上了赌博，渐渐地荒废了学业。他尝试各种赌博，如玩纸牌、掷骰子、打弹子、押注，没有一样不擅长。开初小输小赢不起眼，后来发展到大注赌博。父亲现在有的是钱，随便找个借口，“老爸的钱是很容易骗到的”。

有一天，他又像往常一样去赌博，他把装在口袋里的所有的钱都输掉了。于是借钱又赌，又输光了。输了不服气，又向人借了一大笔钱去赌，霉运始终伴随着他，他押每一张牌都输，他把剩下的所有的钱都拿出来，孤注一掷，又输了。当他离开赌桌时，才终于清醒过来：他已经欠了太多的赌债了。

欧根纳的大学老师把这些情况告诉高斯后，高斯极其气愤和失望。

欧根纳觉得他的过失无法得到家庭、学校的原谅了，顿时，怨从心中起，气向胆边生，1830 年他不辞而别，离家出走，远渡重洋，移居美国，永久地离开了他的祖国、父母和兄弟姐妹们。

病重中的母亲米娜，听到欧根纳移居美国的消息后，不堪这铁拳般重击，次年便与世长辞了。

高斯的另一个儿子威廉，从小喜欢农学，长大后想从事农业。在数学王子、科学权威高斯眼里，务农是一种没有前途的职业，他也反对这个儿子的选择。但是当时的德国，社会动荡，战争连年，政权更迭，致使德国经济发展缓慢，失业大军充满城乡，人民生活艰难困苦。高斯面对现实，决定让步。

一天，高斯询问小女儿的意见："看来，你哥哥务农的决心已定，我不能再把我的意志强加于他了。他已经成人，并有妻室，我应该尊重他的选择。我打算同意他务农，女儿，你的意见呢?"

"爸爸，我们已经长大了，都不是小孩子了，我们有自己的思想，您应尊重我们的选择。请爸爸不要过多干预。我们年轻人应有自己的生活、主见和对事业的抉择权。老爸，您就省掉这份操心，相信您的儿女们吧！"

1832 年，威廉征得父亲的同意，携妻去了北美。

从此以后，高斯与在美国的两个儿子再未谋面，但有时也通信交流，儿子们在信中说，他们已经能独立生活了，不仅能自食其力，而且还很幸福，望父母、兄妹放心。

高斯家庭出现的麻烦，至此结束。让高斯唯一安慰的是女儿特雷泽十分孝顺，在母亲米娜去世前，不到 20 岁的她就担起了全部家务，高斯的母亲从 1817 年起就和他们同住了，特雷泽一直照顾着祖母，直到 1839 年 96 岁的祖母去世。

1830 年，受法国资产阶级革命的影响，汉诺威公国曾于 1831 年通过了一部较为民主和自由的宪法，汉诺威人民可以呼吸到更多的自由空气。可是，好景不长，汉诺威新君主上台后，他认为法国式的自由和民主不全适合汉诺威，位于汉诺威西部的法国革命风浪吹来，便会吞噬本国广袤的城乡，在奇光异彩的自由、民主的吸引下，汉诺威人民将会觉醒。于是，他准备修改这部宪法。

1837 年 11 月，新君主国王奥古斯特正式宣布取消这部宪法，并且要求公职人员（包括大学教授）对他本人宣誓效忠。

宣誓效忠国王的举措，最早在法国风靡一时。这是一道约束臣民的精神枷锁，是用发誓赌咒的形式企图征服人的心灵的可笑手段。可是，精神枷锁是锁不住人心的，这种不信任并带有侮辱意味的政策一出台，便遭到公职人员和知识分子的反对，一些人拒绝参加宣誓效忠仪式；也有少数人挺身而出，公开站出来反对，不接受宣誓效忠。他们承受着被解职、被驱逐流亡国外的压力。在过去的法国已有这样的勇敢者，他们都受到了国王严厉的处罚，被迫携妻子儿女离开他们心爱的祖国。

著名的哥廷根大学有七位教授对宣誓效忠仪式奋起抗议，拒绝和反对这一形式，其中有高斯最亲密的合作者韦伯，以及高斯的大女婿、著名的东方学专家埃瓦尔德。他们发表演讲，抨击宣誓效忠就是不信任公职人员，尤其是不信赖知识分子。一个有作为的国王，并不需要人们宣誓效忠的许诺，人民会发自肺腑地忠于他和祖国。七位教授还指出：宣誓效忠的做法是专制和暴君无力统治的表现，是强加于人的一种精神鸦片，企图麻痹被奴役的人。他们坚决要求取消宣誓效忠。

在这个时候，七位教授多么希望能得到德高望重的科学权威高斯的鼎力支持啊！他们希望高斯以他崇高的威望声援他们，并说服新国王。可是，此时的高斯却保持着沉默，没有对政府的行动表示异议。

其实，高斯在心底是不赞成政治上的任何激进行为，而倾向于维持新王室的统治的。后来，新国王采取了严厉措施，奋起抗议的七位教授全部被解除大学教授的职务，其中韦伯等三名骨干教授还被逐出境外。

小女儿特雷泽十分关心姐夫等七位教授的命运，她希望爸爸能挺身而出，旗帜鲜明地支持他们的正义行动，并问高斯："爸爸，七位教授抗议宣誓效忠是一种革命行动，您为什么不支持他们，为什么不站出来向政府谏言呢？这七个人中，韦伯叔叔与您是相交至深的科学挚友，亲如兄弟；姐夫是您的亲人呀……"

高斯没有等女儿说完，就打断了她的话说："我的女儿！你不理解爸爸，我也是为你们着想。你看，你的奶奶已经95岁高龄了，我本人也年过花甲了。我不可能改变新国王为维护自己的统治而做的决定。万一……”

“您能不能改变是一回事，但表明您的态度，向新国王表达您的看法又是另一回事，后者更为重要呀，爸爸，他们需要你的支持。”

“我现在需要安静的环境，保持我一贯的科研生活习惯方式，我没有精力去劝说新国王。我老了，科研的生命之灯也快要熄灭了。”

事实上，高斯像英国数学家、物理学家牛顿一样，有一种病态的怕人反对的心理，这种心理影响了这两位科学家一生。他们在学术上功德崇高、情操照人，炉火纯青、造诣精深，是世人的师表。但在政治上保守，担心遭到别人反对，是一个不足。其实，高斯政治上的保守不是偶然的，这是他一贯的错误的处世哲学，无论是对待非欧几何，还是对待革命行动，他总怕遭到别人反对，不敢挺身而出，即使在大是大非的原则面前亦是如此。这种性格虽然可以保住高斯天文台台长、教授等职务和既得利益，但在当时或后世人的眼里，总是一个不足、一个遗憾，令人惋惜。高斯智慧超群，学识渊博，满腹经纶，成就显赫，他一直在不断地探寻五彩缤纷的外部世界和科学领域，他喜欢从不断变动的客观事物中丰富自己，完善自己。他的保守是一个瑕疵，但瑕不掩瑜，即使是科学伟人也不可能是十全十美的完人。

自从韦伯被驱逐出哥廷根以后，高斯一生中最默契、最踏实的合作伙伴离开了，最成功的合作研究中断了，这给他后期的物理研究带来了无法弥补的损失，也是世界科学界的一个损失。直到1848年，巴黎爆发“二月革命”推动了德国城邦的“三月革命”后，韦伯和埃瓦尔德才重回教学岗位。

人生像条河，这条河曲曲折折，时急时缓，但一直朝着一个方向，奔流不息，而且越流越宽，最后汇入茫茫的大海之中。

如今的高斯已60多岁了，在1840年以后，他几乎完全退出测地学、物理学的创新研究，数学方面也只是解决一些小问题，工作重心回归到了他的天文观测老“本行”。这期间他计算汉诺威测地工作中遗留的小问题，此外，还对老的研究课题、发表过的评论或报告作些修饰，解决一些小的非开拓性的问题。

高斯科研上的这种“退居”行为，早在他50岁时给奥尔伯斯的信中已开始流露出来，他在信中说，“自我感到创造力开始下降”。即使这样，他又对物理学进行了10年左右创造性的研究。毕竟随着年龄的增长，人的精力会有所减退，过去曾有过的美好青春年华和黄金时代，也都随着岁月流逝了。

高斯退出创造性研究的事实，人们也从当时出版的书刊中看到了蛛丝马迹。如他对1848年库默尔新创立的理想论没有强烈的反应；1846 年对海王星的发现也很漠然；甚至在纪念高斯获得博士学位 50 周年大会上，数学家雅可比主动与高斯交谈数学问题时，他也总是把话题岔开，不谈论数学，只是聊些平淡的事。晚年的高斯对创造性的科学研究淡漠了，却热衷于一些非科研的事情。

在 19 世纪 40 年代，高斯对哥廷根大学的事务有了较多关注，担任过教授会的负责人。由于当时教授遗孀很多，而学校的抚恤基金面临破产危机，高斯在 1845—1851 年间写了“概率算法在寡妇基金平衡计算中的应用”，其中列出了退休年金的计算表，使基金会的财务预算建立在可靠的统计规律之上，这一研究成为现代保险数学的一个里程碑。

一次，高斯和小女儿聊天，女儿问：“爸爸，您年逾古稀，头发已经花白了，心脏又不好，为什么现在喜欢上您过去不喜欢的教学工作了呢?”

“科学发展需要千百万个青年来继续奋斗、接班，因此，培养接班人，培养超过自己的人才，应该是我义不容辞的职责。”

“那你过去为什么不愿上课呢?”

“过去的大学生学习风气不太好，认为读书无用，不好好学习；另外当时我太年轻，想搏击科学各个领域，没有精力从事教学。现在老了，再不做这件事，以后就无法补救了。如果你有许多学问，但没有学生向你学，你又不主动培养青年人，来超过自己，那样的学问再多又有什么作用呢?”晚年的高斯认识到培养接班人的重要性，决定将自己丰富的学识和经验，传授给青年一代。

高斯虽然取得了令人瞩目的科学成就，但他并不是仙人，他也是食人间烟火的凡夫俗子，也受大自然生命规律制约。高斯晚年根据自己的健康状况，选择了活动量少，又比较喜欢的教学和各种统计工作，并且还亲自进行天文观测。他仍是一位闲不住的科学家，他每天从报纸、书本或日常生活中收集各种统计资料。在1848年德国革命期间，他站在保皇派一边，不管风吹浪打，始终不介入革命，就好像什么事也没有发生一样，依旧每天到学校守旧派成立的文学会（他是会员）附属的阅览室寻觅各种数据。

当时，有一种有趣的说法，高斯在阅览室寻觅数据时，如果看见某个学生正在看的报纸正是他一直要寻找的，他就会一直瞪着对方，直到对方递过这份报纸。一次、两次、……多次出现这种情况，大学生们私下戏称高斯为“阅览室之霸”。这表现出高斯对事情的投入、专注，以及“不到黄河心不死”的劲头。老有所学的人有此精神，定会老有所为，有所为才有所乐，有所乐才能有健康，有健康才能长寿。高斯虽然身患心脏病却能活到78岁，在当时已经大大超过人的平均年龄，也许与他这种“霸”劲有关。

据说，高斯从小就有“不到黄河心不死”的劲头，从小到老都没有改变。在他富起来以后，这种习惯对他参加炒股投资（包括在德国国内外发行的债券）大有裨益。高斯投资活动的经济效益十分可观，到了晚年，他身后留下的财产几乎等于其年薪的200倍，这是一笔不小的财产，相当于今天的“百万富翁”了。

高斯小时候家境贫寒，工作后，为了多赚钱养家糊口，摆脱贫困，实现儿时让父母过好日子的诺言，他拼命地去研究容易挣钱的应用科学。他有钱后又冒着风险去投资炒股，把死钱变成活钱，钱越赚越多了。高斯还善于理财，他勤俭节约，不挥霍浪费，更不大吃大喝或像儿子那样去赌博，他深信“历览前朝国与家，成由勤俭败由奢”这句光辉的箴言是一个绝对真理。

现在的高斯已经体验了世间百味，经历了无数荣誉与挫折，走过了不尽弯曲与坎坷。一天晚餐后，女儿做完家务，照旧陪着爸爸散步。这是一个春意盎然的季节。

小女儿挽着爸爸的手，走出房门，沿着风景如画的弯曲小路慢慢走着，这是他们散步的老路线。

触景生情，高斯在春光里，精神焕发，心中涌出了赞颂春天美丽动人的词句：“春天迈着轻盈而矫健的步伐走向人间，她浪迹天涯，撒播春的种子，传播春的讯息，唤醒酣睡冬蛰，踏破大川坚冰，引来紫燕的呢喃。”

“爸爸您看，这山山水水、花花草草都展示着盎然的生机，在这春光里，大地当纸，春光作笔，把碧绿铺向原野，把艳丽渲染花朵，把湛蓝献给大海，把淡绿泼入池塘，把金色镀向矿山，把五光十色点缀哥廷根的千山万水，把理想希冀化作万朵鲜花盛开在这个著名的天文台的大观园。”女儿心有灵犀地学着父亲，散文般地赞美这美景。

“春日里我们百感交集，感慨万千。昔日踟蹰前行的脚步仿佛又在眼前浮现，千万不要让它成为前进的羁绊，思想的桎梏，要用春天的犁铧把它铲除。”高斯轻声地对小女儿说着，不时同遇见的熟人打着招呼。

“往日我们家遭遇的挫折和坎坷，应随着新春的希望而荡涤。感念着只有经历了严冬的肃杀，寒风的肆虐，才能感受到春天的可贵，才能用辛勤的双手去开拓洒满春光的大道。”女儿借用春天荡涤挫折，赞扬现在的生活如春天般温暖。

一老一少悠闲地漫步着，一路话语一阵春风，沁人心脾。高斯想到女儿为了侍奉自己而迟迟不嫁，借用春天说：“啊！春神，你将春的希望，播送给万物万灵，赋予人们活力。春天的美姿化身于柳条，春天的歌声托付给鸟语，春天的纤柔化作花香，春天的启示寄于竹笋，春天的赤诚聚于笔端。女儿，您就是春天，为了父亲，放弃幸福，支撑家务，我衷心地感谢您春天般的馈赠，让我沐浴在温馨的春风里，欣然迈进老年的王国，汹涌出一股生命磅礴的力量。”父亲深情地对女儿说。

“爸爸，您不要这样说，赡养父母，是每个儿女应尽的孝心。姐姐已为人妻为人母，她与约瑟夫哥哥一样，有他们的小家和事业，尽管她也经常来看望您，但他们不能代替我处理日常琐事。另外两个哥哥远在美国，只能鸿雁传信，纵有千言万语，也无生花之笔一一表达出来，书信虽有灵魂，但也仅仅是生命的安慰，不能取代我具体照顾父亲的工作。”

“女儿，委屈你了，爸爸非常感谢你。”

“每个人生于世间，都只是一张白纸，而漫漫岁月间，他所做的一切便是尽可能地为这张白纸增添更多的色彩，一幅绚丽的彩画才是我们最圆满的结局。孝敬爸爸，已把我这张人生白纸涂抹上了鲜艳亮丽的色彩，我感到我的人生画卷已涂抹得色彩斑斓了。”

父女俩绕着哥廷根天文台的弯曲小路，转了一圈又一圈，父女俩的心情像春天的阳光一样明媚，暖意融融。

高斯生命的最后几年，在小女儿的精心照料下，心静烦消，思维活动升华到纯净而和谐的境界。他仍保持学者风度，没有间断阅读和参加力所能及的学术活动。有人将高斯生命中最后几年的主要事件进行了整理：

1850 年，因心脏病加重，行动受到限制。

1851 年 7 月 1 日有日食，作了有生中最后一次天文观测。

1851 年 11 月，指导学生黎曼完成博士论文《复变函数的基础》。在这篇论文中，黎曼将单值解析函数推广到多值解析函数，且引入“黎曼曲面”等重要概念，确立了复变函数的几何理论基础。这是一篇非常出色的论文，高斯在审阅时为之惊叹，给出了极高的评语。

1852 年，解决了一些力所能及的、小的数学问题，从事其他问题的改进工作。

1853 年，为学生黎曼选定考取大学编外讲师资格而做论文的答辩题目《几何基础》。

1854 年 1 月，全面体检诊断高斯的心脏已扩大，将不久于人世。但却发生了奇迹。乐观的高斯在他自身顽强求生的精神下，病情得到缓解。

1854 年 6 月，黎曼晋升为哥廷根大学正式讲师，在就职典礼上，高斯听了黎曼《论几何基础的假设》的学术报告，黎曼把三维空间内的几何理论推广到了更一般的 n 维空间，创立了广义的“黎曼几何学”，这是 19 世纪最伟大的成就之一，标志着另一类的非欧几何的诞生。但令人遗憾的是，当时这个报告的内容只有高斯一人能完全听懂，而在场的许多人都听不太懂。

1854 年 6 月，高斯在女儿陪同下出席了哥廷根到汉诺威间的铁路通车仪式。

1854 年 8 月，病情恶化，下肢水肿。

1855 年 2 月 23 日清晨，高斯在睡梦中溘然辞世。

一颗科学巨星就这样陨落了。

高斯是人间奇人，他那旺盛的生命之火熄灭了。人们幻想：他也许亲自去寻访天外的芳草，去寻找世界最高的生命，在森森的银河畔，在无穷天穹里。如果人有灵魂，他那颗心灵又在开拓一个荒凉的星，让星与星之间传递发光的絮语，唤醒各星球孤寂而幽深的梦。

高斯的葬礼在庄严肃穆的气氛中举行，参加葬礼的人很多很多，有生前好友、同事或下属，有崇拜者，有政府和大学的高级官员。他的大女婿埃瓦尔德在悼词中赞扬高斯是难得的、无与伦比的天才。在送葬抬棺者中，有一位24岁的数学后起之秀戴德金，他一直崇拜高斯，在读哥廷根大学时曾选修高斯的“最小二乘法”课，因而受其影响，把兴趣转移到数学职业，后来成为一位著名的数学家。

大脑是智慧的摇篮。在高斯去世后，人们都想知道他的大脑与一般人的差异，在征得家属同意后，由著名的医生主刀解剖。解剖发现，高斯的大脑有深而多的脑回，超过普通人。解剖的标本，收藏于哥廷根大学，供后人继续探秘。

第五节 辉煌的一生

高斯给后人留下了丰硕的科学遗产和宝贵的精神财富。高斯在当时数学的每一个领域都有开创性的工作；在天文学、物理学、测地学、地磁学等众多领域也取得了当时国际领先的成果；他对天文学和磁学的研究，开辟了数学与物理学相结合的新的光辉的时代。

美国现代数学家贝尔在《数学人物》中说："任何一张开列有史以来三个最伟大的数学家的名单之中，必定会包括阿基米德，而另外两个通常是牛顿和高斯。"从中可以看出高斯的不朽伟绩。

和其他伟大的数学家一样，抽象符号对高斯来说并非虚幻而不真实的。有一次他谈道："灵魂的满足是一种更高的境界，物质的满足是多余的，到底我把数学应用到由几块泥巴组成的星球，或应用到纯粹数学上的问题，对我而言并不重要，但后者常带给我更大的满足。"

高斯爱好广泛。他在数学、物理学、天文学、大地测量学等方面都有极其重要的贡献。从 1807 年受聘为哥廷根大学教授，并担任新建天文台台长起，直到去世的 48 年中，高斯基本上是在母校执教、搞科研。他一生中，一直保持俭朴的生活作风，不贪图物质享受，求知不懈，硕果累累，他把自己的一生无私地奉献给了人类伟大的科学事业。

高斯的研究风格一直是这样的：一是不停地观察、分析、归纳，从大量的经验中获得灵感，形成猜想或推断，并进一步给以严格的证明；二是对严密逻辑推理的极其苛求，并且务必尽善尽美。他不仅要求证明完美，而且要求最大限度地简单明了又不失严谨，至少是当时可能的严谨。

严格、严密、精美贯穿在高斯的所有科学研究工作中。除非所得研究结果已经非常完美，否则决不公开发表，是高斯始终坚持的原则。高斯希望他留下的都是十全十美的艺术珍品。他常常比喻说：“当一幢建筑物完成时，应该把脚手架拆除干净。”高斯不仅对严密性的要求非常苛刻，而且希望在每个领域，都能建立起一般的理论体系，将已经发现的结果有机地联系起来。因此，高斯总是迟迟不肯发表他的著作，或者来不及将他的发现整理出来。他的名言是：宁肯少些，但要成熟。高斯有一幅珍藏的画，其中有一棵树，上面只结了七个果实，下面写着“虽少但熟透”。在 1898 年找到的高斯的《科学日记》中，简要记录了他 1796—1814 年间的 146 条新发现或定理的证明，其中很多他终生没有发表。在他的遗稿以及和友人的通信中也可以看到他的一些没有发表的重要结果。例如关于摄动理论他所发表的文章很少，但直到他去世后人们才知道他对摄动学有基础性的贡献。当初计算谷神星轨道时，高斯就用了自己在超几何级数及算术-几何平均方面的研究成果，并且也应用了拉普拉斯的方法。他的学生 Encke 就是用高斯传授给他的方法，计算出了后来被命名为 Encke 的彗星轨道。高斯还在计算小行星 Pallas 的轨道时，从理论上研究了扰动对一般星球轨道的影响，特别是给出了一种分析摄动问题的具体模型，据此计算星体间的互相影响，探讨了星球间永年扰动的问题。再如解析函数的柯西定理、幂级数展开和洛朗展开、非欧几何、椭圆函数论等，有些是在这些成果发表多年之前，有些是成果发表人出生之前，高斯就知道了。他给密友 F. 波尔约的信中说："给予我最大快乐的事不是知识本身而是学习过程，不是所取得的成就而是创造成就的过程。当我把一个问题搞清楚了并研究透彻了，我就放下不管，以便转而再去探索未知的领域。"

高斯在函数论方面的工作虽然没有他在数论、微分几何、天文学、测地学、磁学及光学方面的贡献大，但他对超越函数有系统深入的开创性研究。1808 年他在给舒马赫的信中说："在计算积分时，我对于那些只利用代换、变换等机械规则，将积分变成代数函数、对数函数或圆函数的情形丝毫不感兴趣。反之，我的兴趣在于超越函数，这需要较深且细心的探讨，而且此种函数无法变成上述诸函数。……包含那些更高级函数的领域，几乎毫未开发，像一块处女地一样。在这方面我已努力工作很久，关于这些函数我要写一本大书，此事我已在我的《算术研究》的第 539 页（335 节）中提过。在我们面前正摆着一个大宝库，里面充满了由这些函数提供的崭新且极有趣的事实与关系，其中包括关于椭圆及双曲线求长公式。"高斯这里所说的"处女地"就是椭圆函数理论，因为与求椭圆弧长问题有关而得名。高斯对椭圆函数的研究最终还和他早先关于算术

—几何平均及双纽线的研究融为一体。

在高斯的时代，很少有人能够分享他的想法或向他提供新的观念。每当他发现新的理论时，没有人可以讨论。这种智慧上的孤独，导致他心灵和生活上的离群索居。与很少有人能够在纯数学研究中与高斯交流对话相反，他在天文、物理学界有不少挚友，现存的 7000 多封高斯的通信中，与这些人的信件占了极大比例。

纵观高斯一生，他在待人接物方面极力避免感情用事，厌恶争吵。高斯对于公开争论从不参加，他认为这种辩论很容易演变成愚蠢的喊叫，即使听到有人议论他有剽窃他人成果的嫌疑时，他也能泰然处之。例如，1809 年高斯在《天体运动理论》中正式发表的“最小二乘法”，比法国数学家勒让德晚了三年，勒让德写信给高斯，批评他发表了别人已发表过的结果，对此高斯不置可否。当时拉普拉斯出来做和事佬，1812 年高斯写信给拉普拉斯说，他从 1802 年以后几乎每天都用此法来计算新的行星轨道，而且还和一些朋友讨论过，1803 年和奥尔伯斯的讨论就是一例。勒让德和高斯的科学争论从未公开化，史实证明，“最小二乘法”的确为高斯最先发现，而勒让德最先公开发表，优先权属于勒让德，但荣誉属于双方。

高斯还是一个知恩图报的人。他始终不忘费迪南公爵的恩情，对恩人惨死在拿破仑军队手下一直耿耿于怀，因而也拒不接受法国大革命的信条和由此引发的民主思潮。纵观其一生，他对政治变革或激烈行为都持旁观或保守态度，他的学生都称高斯为保守派。

高斯也酷爱语言文学，且造诣深厚。除母语德语外，高斯精通英语、法语、俄语、丹麦语，对意大利语、西班牙语和瑞典语也略知一二，他能写一手流利、典雅的拉丁文，他的私人日记是用拉丁文写的。高斯非常喜欢文学，对德国文学和哲学很在行，他把歌德的作品遍览无遗。高斯 50 多岁时才开始学习俄语，部分原因是为了阅读普希金的诗作，他的藏书中有 75 卷俄文书，其中有 8 卷是普希金的作品。在法国古典作家中，高斯爱看蒙田、卢梭等人的作品。因为性格的关系，他总希望故事以喜剧收场，他不爱看莎士比亚的悲剧，但在他的座右铭中有一条选自《李尔王》中的两行诗：大自然啊，我的女神，我愿为你献身，终生不渝。高斯最钦佩的英语作家是司各特爵士，几乎阅读了他所有的作品。有一次，他在司各特写的书上看到“满月是从西北方向升起来的”错误描述，他不仅在自己的书上把它纠正过来，而且跑到哥廷根书店把所有未售出的书都改了过来，就像在对数表中发现了一个错误一样。高斯所处的时代，正是德国浪漫主义盛行的时代，受时尚的影响，高斯在其私函和讲述中，充满了美丽的辞藻。他说过：“数学是科学的皇后，而数论是数学的女王。”那个时代的人也都称高斯为“数学王子”。

高斯不喜欢浮华荣耀，但在他成名后的五十年里，获得过 75 种大大小小的荣誉，包括 1818 年英王乔治三世赐封的“参议员”，1845 年又被赐封为“首席参议员”等。在流通最广泛的德国 10 马克纸币上印有高斯的肖像，受到如此殊荣的数学家还有英国的牛顿、瑞士的欧拉和挪威的阿贝尔。F. 克莱因曾评价高斯说：“如果我们把 18 世纪的数学家想象为一系列的高山峻岭，那么最后一个使人肃然起敬的巅峰便是高斯。”

高斯曾被人形容为“能从九霄云外的高度按照某种观点掌握星空和深奥数学的天才”。过人的直觉、超强的计算、严密的推理、精细的实验能力的和谐结合使得高斯出类拔萃，他是将理论与实践、应用和发明创造紧密结合的典范。人们通常认为，这样罕见的数学天才只有阿基米德和牛顿才能与他相提并论。

高斯用他辛勤的劳动有力地证明“神童”是可以成为伟大科学家的，只要他头脑冷静，谦虚谨慎，正确对待荣誉，保持敏捷的思想，一句话，要对自己的事业有理想、有信心、有目标。

1855 年高斯逝世时，汉诺威公爵发行了铸有“数学之王”的纪念币，大家都知道这指的就是高斯，数学界都认为高斯无愧于这个美称。就是今天，德国及全世界数学界也没有忘记高斯。德国政府于1979年4月30日在高斯诞辰202周年时，发行了新的5马克纪念币，以纪念这位“数学王子”。

德国慕尼黑博物馆挂着一幅高斯画像，上面写着这样一首诗歌赞颂高斯：

他的思想深入数学、空间、大自然的奥秘；
他测量了星星的路径、地球的形状和自然力；
他推动了数学的进展直到下个世纪。

第六节　高斯大事年表

1777年　4月30日，出生于德国布伦斯维克。

1784年　7岁，入小学。

1787年　10岁，发现等差数列求和法。被誉为“神童”。

1788年　考入文科中学。跳级插入初中二年级。

1792年　15岁，被保送布伦斯维克的卡罗琳学院（今大学预科）。开始思考、研究“平行线问题”。

1795年　18岁，考入哥廷根大学，发明了“最小二乘法”。

1796 年　发现并证明了正十七边形的尺规作图以及作正多边形的条件。又发现证明了“二次互反律”又称“黄金定理”。

1798 年　大学毕业。

1799 年　完成《代数基本定理》的论文，获博士学位和讲师职称。

1800 年　发现了椭圆函数（未发表）。

1801 年　《算术研究》出版。被聘为俄罗斯科学院通讯院士。

1807 年　被聘为哥廷根大学常任教授及其天文台台长，直至去世。又被聘为俄罗斯科学院名誉院士等。

1809 年　发表题为《天体沿圆锥曲线绕日运动的原理》的论文。

1812 年　发表题为《关于超几何级数》的论文。

1813 年　发表题为《关于椭球体的引力》的论文。

1814 年　发表题为《关于机械求积的工作》的论文。

1816 年　建立了非欧几何的基本原理。

1818 年　发表题为《关于行星的研究》的论文。

1822 年　发表题为《地图投影中采用等角法的研究》的论文。

1827 年　《关于曲面的一般研究》一书出版。

1831 年　再次发表了复数的几何表示法。

1833 年　与韦伯一起发明了电磁电报。

1839 年　发表题为《地磁的一般理论》的论文。

1846 年　给出《代数基本定理》第四个证明。

1853 年　发表《地磁概论》。

1855 年　2 月 23 日，在哥廷根逝世，享年 78 岁。

科普小知识

太阳系中的行星

1. 水星（Mercury）

水星最接近太阳，是太阳系八大行星中最小的行星。水星的直径小于木卫三和土卫六，但它的质量更大。

基本数据

公转轨道：距太阳57910000千米（0.387天文单位）

水星直径：4880千米

质量：3.30×10^{23}千克

名称来源

在古罗马神话中，水星是商业、旅行和偷窃之神，即古希腊神话中的赫耳墨斯，为众神传信的神，或许是由于水星在空中移动得较快，才使它得到这个名字。

探测历史

早在公元前3000年的苏美尔时代，人们便发现了水星，古希腊人赋予它两个名字：当它初现于清晨时称为阿波罗，当它闪烁于夜空时称为赫耳墨斯。不过，古希腊天文学家们知道这两个名字实际上指的是同一颗星星，希腊哲学家甚至认为水星与金星并非环绕地球，而是环绕着太阳在运行。

水星的轨道偏离正圆程度很大，近日点距太阳仅约4600 万千米，远日点却约有 7000 万千米，在轨道的近日点它以十分缓慢的速度按岁差围绕太阳向前运行（在 19 世纪，天文学家们对水星的轨道半径进行了非常仔细的观察，但无法运用牛顿力学对此作出适当的解释）。

在 1965 年以前，人们一直认为水星自转一周与公转一周的时间是相同的，从而使面对太阳的那一面恒定不变。这与月球总是以相同的半面朝向地球很相似。但在 1965 年，通过多普勒雷达的观察发现这种理论是错误的。

水星上的温差是整个太阳系中最大的，温度变化的范围为 90 开到 700 开。相比之下，金星的温度略高些，但更为稳定。

水星在许多方面与月球相似，它的表面有许多陨石坑，而且十分古老；它也没有板块运动。另一方面，水星的密度比月球的密度大得多，是太阳系中仅次于地球密度的第二大的天体。

水星的大气很稀薄，由太阳风带来的被破坏的原子构成。水星温度如此之高，使得这些原子迅速地散至太空中，与地球和金星稳定的大气相比，水星的大气频繁地被补充更换。

水星的表面表现出巨大的急斜面，有些达到几百千米长，三千多米高。有些横处于环形山的外环处，而另一些急斜面的面貌表明他们是受压缩而形成的。

水星上最大的地貌特征之一是Calori盆地，直径约为1300千米，人们认为它与月球上最大的盆地Maria相似。如同月球的盆地，Calori盆地很有可能形成于太阳系早期的大碰撞中。

除了布满陨石坑的地形，水星也有相对平坦的平原，有些也许是古代火山运动的结果，但另一些大概是陨石所形成的喷出物沉积的结果。

水星有一个小型磁场，磁场强度约为地球的1%。

水星的外观

用望远镜观测水星的最佳时刻，是春季和暖的傍晚，或者在秋天清凉的黎明。假定它在太阳之东，一般在下午任何时候都可用望远镜看见它，但这时空气通常都被太阳强烈的光线搅乱了，因此很难得到令人满意的观测。下午晚些时候空气较稳定，就比较利于观测了。可是到了日落之后，在不断增厚的大气之中，它也越来越模糊。正因为这种种不利因素，水星成了很难埋想观测的行星，而观测者所描述的水星表面也就千差万别了。

在历史上很长的一个时期内，几乎所有的观测者都认为水星的自转周期是无法确定的。到了 1889 年，在意大利北部美丽的天空中，斯基亚帕瑞利用精巧的望远镜对水星做了细致的观测，结果发现该行星的外貌天天毫无变化。他因此得出结论，水星永远以同一面对着太阳，正如月亮之于地球一样。在亚利桑那的弗拉格斯塔夫亚天文台，罗尼尔的观测也得到了同样的结论。但到了 1965 年，当时最先进的多普勒雷达表明，这种理论实际上是错误的。现在我们认为水星在公转两周的同时自转三周。

因为水星对于太阳的位置常有变换，因此它也像月亮一样有圆缺的位相变化。我们能看到被太阳照耀的那一半球，可背向太阳的黑暗面我们却是看不到的。当水星上合时（太阳在地球与水星之间），明半球完全对着我们，这颗行星的表面就犹如满月般的圆盘。随后它经由东大距移向下合，向着我们的暗半球部分就越来越多，明半球部分则越来越少。但是由于它离我们越来越近，所以我们反而可以更好地观测仍然明亮的部分。到了下合的时候，暗半球完全对着我们，如同新月一样，在它应该出现的位置上，只留下了一个无法观测的黑暗阴影。在通过黑暗的下合期之后，水星经由西大距返回上合的位置，重新成了一轮

“满月”。

很久以来，人们都认为水星上没有大气。因为我们根本就观测不到其对日光的折射效果。可现在的研究表明，水星拥有稀薄得几乎不存在的大气层，由太阳风带来的原子构成。水星温度被太阳烤得如此之高，使得这些原子迅速地逃逸到太空中。于是，与地球和金星稳定的大气相比，水星的大气频繁地被补充更换。

水星凌日

仔细想象一下水星的运行情况，我们就会明白，假如内行星和地球在同一平面上绕太阳而行，那么每次下合时我们都能看到其从太阳表面经过。但事情并不是如此简单，因为两颗行星不是在同一平面上旋转的。在所有大行星中，水星轨道对地球轨道的偏斜最大。因此，我们常常看到它在南边或北边与太阳擦肩而过。如果它在下合时正好接近地球与水星轨道的一交点，我们就可以从望远镜中看到一粒黑点经过太阳表面。这种现象称作“水星凌日”，其相隔时间从 3 年至 13 年不等。由于可以极准确地测定其进入和离开太阳圆盘的时刻，并可以通过这一时刻推导出该行星的运动规律，所以天文学家对这种现象都有很大兴趣。

加桑迪在 1631 年 11 月 7 日第一次观测到了水星凌日。可是由于他的工具非常简陋，观测结果毫无科学价值。较有价值的观测结果是哈雷于 1677 年在圣海伦岛上得到的。从此以后，这种对凌日的观测就很有规律地继续了下来。

1937 年 5 月 11 日，水星擦过太阳南部边缘。在欧洲南部可见，但在美洲却是在日出之前可见。

1940 年 11 月 10 日，美国西部可见。

1953 年 11 月 14 日，美国全境可见。

1677 年以来，通过水星凌日的观测，人们发现了一件现在被称为水星轨道进动的有趣事实。令人不可思议的是，这颗行星的轨道居然是慢慢改变的！其主要原因一度被认为是受其他已知行星的影响。但精密的理论计算表明，这并不是主要原因，水星近日点的变动比理论计算值更前进了 43 角秒之多。这一点误差是 1845 年被勒威耶发现的——他以在海王星发现之前，用数学方法计算其位置而闻名。勒威耶试图重现辉煌，预测说在太阳与水星之间还有一个行星，并取名为火神星。他计算出火神星会很罕见地越过太阳盘面（只有这时才有希望由它投在日面上的阴影来探测它）。但在 1877 年，刚巧在他预言的火神星越过日面之前，他去世了，或许这是一种幸运，他没有得知自己的失败。那一天所有的望远镜都对着太阳，但是火神星固执地拒不出现。另外，大约在 1860 年，法国一名乡间医生勒斯加波用一架小望远镜观测了太阳表面，他宣称观测到期待中的那颗行星从太阳盘面上经过。而另一位较有经验的天文学家在同一天却只看到一颗平常的黑子。大概就是这颗黑子哄骗了那位医生天文学家。这一风波过后的许多年内，有不少天文学家在好几个地点天天观测太阳，为太阳摄影，却一点也没有发现这一类东西的存在。

可是，我们仍然可以认为有些小行星在这区域中运行，只是它们太渺小了，因此经过太阳盘面时竟逃出了我们的观察视线。如果真是这样，它们的光亮一定完全被天光遮去，所以平常看不见。可是我们还有机会，就是在日全食的时候，天上一点别的光也没有时，应该能看到。于是当日全食时，就常有观测者来寻找它们。终结的答案在1901年日全食时得到了——那时在太阳附近拍摄到约50颗行星，但都是我们所已知的。像这样的小行星非有几十万颗是不能造成水星偏离轨道的。这么多的小行星定会把那一片天照得比任何一处天空都亮。这一结果可使我们得出结论来反对那种认为水星近日点移动是由于内行星的见解了。要假定这颗内行星存在，除上述情况外还有一点，那就是，如果有这颗行星，它一定要使水星或金星（或两者兼有）的交点变动的。

水星之最

在太阳系的八大行星中，水星获得了几个“最”的记录：

离太阳最近。水星和太阳的平均距离约为5791万千米，约为日地距离的0.387，是距离太阳最近的行星。到目前为止，还没有发现比水星距离太阳更近的行星。

轨道速度最快。它离太阳最近，所以受到太阳的引力也最大，因此，它在轨道上比任何行星都跑得快，轨道速度为每秒48千米，比地球的轨道速度快18千米。这样快的速度，只用15分钟就能环绕地球一周。

一“年”时间最短。地球绕太阳公转一周的时间为365天，而“水星年”是太阳系中最短的年。它绕太阳公转一周只用88天，还不到地球上的3个月，这都是因为水星围绕太阳高速飞奔的缘故。难怪代表水星的标记和符号是根据希腊神话，描绘为脚穿飞鞋、手持魔杖的使者。

表面温差最大。因为没有大气的调节，距离太阳又非常近，所以在太阳的烘烤下，向阳面的温度最高时可达430摄氏度，但背阳面的夜间温度可降到零下160摄氏度，昼夜温差近600摄氏度，为行星表面温差最大的冠军。这真是一个处于火和冰之间的世界。

卫星最少的行星。太阳系中现在发现了越来越多的卫星，总数超过165个，但只有水星和金星的卫星数最少，或根本没有卫星。

一“天”时间最长。在太阳系的行星中，水星“年”时间最短，但水星“日”的时间却比别的行星要更长。在水星上的一天（水星自转一周），将近地球上的2个月（为58.65地球日）。在水星的一年里，只能看到两次日出和两次日落，那里的一天半就是一年。

2. 金星（Venus）

金星是离太阳第二近的行星，是太阳系八大行星中的第六大行星。在所有行星中，金星的轨道最接近圆，偏差不到1%。

基本数据

轨道半径：距太阳108200000千米（0.723天文单位）

行星直径：12103.6千米

质量：4.869×10^{24}千克

名称来源

金星是美和爱的女神的意思，之所以会如此命名，也许对古代人来说，它是已知行星中最亮的一颗（也有一些异议，认为金星的命名是因为金星的表面如同女性的外貌）。

探测历史

金星在史前就已被人知晓。除了太阳和月亮外，它是最亮的一颗。金星是一颗内层行星，如果从地球上用望远镜观察，会发现它有位相变化。金星的位相变化，曾经被伽利略作为证明哥白尼的日心说的有力证据。

第一艘访问金星的飞行器是 1962 年的“水手 2 号”。随后，它又陆续被其他飞行器访问。

金星有时被誉为地球的姐妹星，在有些方面它们非常相像：

——金星比地球略微小一些（95% 的地球直径，80% 的地球质量）。

——在相对年轻的表面都有一些环形山口。

——它们的密度与化学组成都十分类似。

由于这些相似点，有人认为在厚厚云层下面的金星可能与地球非常相像，可能有生命的存在。但是，许多有关金星的深层次研究表明，在许多方面金星与地球有本质的不同。

金星的自转

金星自转的问题自伽利略以来，就一直吸引着从天文学家到普通天文爱好者的研究兴趣，但得到这一问题的确切答案却颇费了一番周折。因为这颗行星具有很强的亮光，用望远镜也很难清晰地看到其表面的痕迹。我们所能看见的，只是表面上略有明暗差异的一团亮光。在望远镜下观测金星，正像我们看一个磨得很光但略有点暗淡的金属球一样。虽然如此，还是有些观测者认为他们分出了明暗的斑点。远在 1667 年，卡西尼就根据这些假定的斑点断定，金星在不到 24 小时内绕轴自转一周。18 世纪中期意大利人布朗基尼发表了一篇很长的论文讨论这个问题，文中还附了许多插图。他的结论是，金星要 24 天以上才能绕轴自转一周。到了 1890 年，斯克亚巴列里则得到一个更为不同的结论，说金星绕轴自转周期与绕日公转周期相等。换句话说，金星只以一面对着太阳，正如月亮只以一面对着地球一样。他每天观测若干小时，结果发现，金星南半球上有一些微小的点一直没有移动，而这一现象就推翻了金星一天左右自转一周的说法。罗尼尔在亚利桑那天文台仔细研究后，也赞同他的意见。

这些细心的观测者考察金星表面的特征后，所得出的关于金星自转周期的结论竟如此不同，这只有一种解释——这些特征实在都太不明显了。幸好现在我们有了威力强大的望远镜，才发现了事实的真相：金星自转比地球慢得多，一个金星日相当于 243 个地球日，比金星年还要稍长一些。金星两极并不存在像地球那样的扁率，地球的扁率是由于地球高速自转形成的，这也说明金星的自转比地球慢得多。另一个有趣的现象是，与地球相比，金星是倒转的，从金星北极看，它自转的方向为顺时针。此外，金星的自转周期又与它的轨道周期同步，所以当它与地球达到最近点时，总是以固定的一面朝着地球。

金星的大气环境

金星的天空是橙黄色的。金星上也有雷电，曾经记录到的最大一次闪电持续了15分钟。

金星的大气主要由二氧化碳组成，并含有少量的氮气。金星的大气压强非常大，为地球的90倍，相当于地球海洋中1千米深度时的压强。大量二氧化碳的存在，使得温室效应在金星上大规模地进行着。如果没有这样的温室效应，温度会比现在下降400摄氏度。在近赤道的低地，金星的表面极限温度可高达500多摄氏度。这使得金星的表面温度甚至高于水星，虽然它离太阳的距离要比水星远两倍，并且得到的阳光只有水星的1/4。尽管金星的自转很慢，但是由于热惯性和浓密大气的对流，昼夜温差并不大。大气上层的风，只要4天就能绕金星一周来均匀地传递热量。

金星浓厚的云层把大部分的阳光都反射回了太空，所以金星表面接收到的太阳光比较少，大部分的阳光都不能直接到达金星表面。金星热辐射的反射率大约是60%，可见光的反射率就更大。所以说，虽然金星比地球离太阳的距离要近，它表面所得到的光照却比地球少。如果没有温室效应的作用，金星表面的温度就会和地球很接近。人们常常会想当然地认为金星的浓密云层能够吸收更多的热量，事实证明这是非常荒谬的。与此相反，如果没有这些云层，温度会更高，大气中二氧化碳的大量存在所造成的温室效应，才是吸收更多热量的真正原因。2004 年金星凌日，在云层顶端金星有着每小时 350 千米的大风，而在表面却是风平浪静，每小时不会超过数千米。然而，考虑到大气的浓密程度，就算是非常缓慢的风，也会具有巨大的力量来克服前进的阻力。金星的云层主要是由二氧化硫和硫酸组成，完全覆盖整个金星表面。这让地球上的观测者难以透过这层屏障来看到金星表面。这些云层顶端的温度大约为零下 45 摄氏度。

金星表面的温度最高可达约 500 摄氏度，这是因为金星上强烈的温室效应引起的。温室效应是指透射阳光的密闭空间，由于与外界缺乏热交换而形成的保温效应。金星上的温室效应强得令人瞠目结舌，原因在于金星的大气密度是地球大气密度的 100 倍，且大气 97% 以上是“保温气体”——二氧化碳。同时，金星大气中还有一层厚达 20 千米至 30 千米的由浓硫酸组成的浓云。二氧化碳和浓云只许太阳光通过，却不让热量透过云层散发到宇宙空间。被封闭起来的太阳辐射，使金星表面变得越来越热。温室效应使金星表面温度高达 465 摄氏度至 485 摄氏度，甚至更高，且基本上没有地区、季节、昼夜的差别。它还造成金星上的气压很高，约为地球的90倍。浓厚的金星云层使金星上的白昼朦胧不清，这里没有我们熟悉的蓝天、白云，天空是橙黄色的。云层顶端有强风，大约每小时350千米，但表面风速却很慢，每小时几千米不到。十分有趣的是，金星上空会像地球上空一样，出现闪电和雷暴。

金星的大气压力为90个标准大气压（相当于地球海洋深1千米处的压力），大气大多由二氧化碳组成，也有几层由硫酸组成的厚数千米的云层。这些云层挡住了我们对金星表面的观察，使得它看起来非常模糊。金星的大气层主要为二氧化碳，约占96%，以及氮占3%。在高度50千米至70千米的上空，悬浮着浓密的厚云，把大气分割为上下两层。云为浓硫酸液滴组成，其中还掺杂着硫粒子，所以呈现黄色。

金星接近地表的大气时速较为缓慢，只有每小时数千米，但上层的时速却可达每秒数百千米，金星自转的速度如此缓慢，243个地球日才转一圈，但却有如此快速转动的上层大气，至今仍是个令人不解的谜团。

我们可以观察到金星表面的云层呈现倒V字形的形状，这种云系统称为带状风系统。这种带状风其实是太阳照射所造成的对流。

金星观测

金星的轨道比水星的要大。金星是天空中最亮的天体之一，观察它的最佳时间是当太阳恰好位于地平线以下的时候。必须注意，千万不能用眼睛直接看太阳。太阳落山，金星随后落下，此时它位于太阳之左，太阳升起前，金星首先升起，此时它位于太阳之右。

我们能很容易分辨出金星来，它明亮而略呈黄色。当金星呈大“新月”时，用双筒望远镜观察它是最合适的。此时金星位于最大距角点与下合点之间。在下合点时金星位于地球与太阳之间，我们便看不到它了。注意调好望远镜的焦距，使之能观察遥远的物体。

3. 地球（Earth）

地球是距离太阳第三近的行星，也是太阳系八大行星中的第五大行星。

基本数据

轨道半径：149600000 千米（离太阳1 天文单位）

行星直径：12756.3 千米

质量：5.9736×10^{24}千克

地球的卫星

月球是地球的天然卫星，也是地球唯一的天然卫星。在太阳系里，除水星和金星外，其他行星都有天然卫星。

结 构

地球是上亿种生物包括人类的家园。到目前为止，地球是人类所知宇宙中唯一存在生命的天体。地球诞生于45.67亿年前，而生命诞生于地球诞生后的10亿年内。从那以后，地球的生物圈改变了大气层和其他环境，使得需要氧气的生物得以诞生，也使得臭氧层形成。臭氧层与地球的磁场一起阻挡了来自宇宙的有害射线，保护了陆地上的生物。地球的物理特性，和它的地质历史和轨道，使得地球上的生命能周期性地持续。

地球的表面被分成几个坚硬的部分，或者叫板块，它们以地质年代为周期在地球表面移动。地球表面大约71%是海洋，剩下的部分被分成洲和岛屿。液态水是所有已知的生命所必需的，但并不在所有其他星球表面存在。地球的内部仍然非常活跃，有一层很厚的地幔，一个液态外核和一个固态铁的内核。

地球是实心的，内部分为三个部分：最外层是地壳（由岩石组成），中间是地幔（由岩浆组成），里面是地核（由岩浆组成）。

温 度

地核的温度大约是6880℃，比太阳光球表面温度要高。地球上最高温度发生在氢弹爆炸中，一次爆炸能达到

1 亿℃，这个温度是太阳表面温度的 16667 倍，比太阳核心的温度高得多。地球上最冷的地方在哪里？北半球的“冷极”在东西伯利亚山地的奥伊米亚康，1961 年 1 月的最低温度是 -71℃。南半球的“冷极”在南极大陆，1967 年初，挪威人在极点站曾经记录到 -94.5℃的最低温度。

电 性

因为地球自西向东旋转，而地磁场外部是从磁北极指向磁南极（即南极指向北极），所成的环形电流与地球自转的方向相反，所以是带负电的。

4. 火星（Mars）

火星为距离太阳第四近的行星，也是太阳系八大行星中的第七大行星，在中国古代又称荧惑。因为火星呈红色，荧荧像火，亮度常有变化；而且在天空中运动，有时从西向东，有时又从东向西，情况复杂，令人迷惑，所以中国古代叫它“荧惑”，有“荧荧火光，离离乱惑”之意。

基本数据

公转轨道：距太阳 227940000 千米（1.52 天文单位）

行星直径：6794 千米

质量：6.4219×10^{23} 千克

名称来源

火星在西方被称为“战神”，这或许是由于它鲜红的颜色而得名的。所以火星有时还被称为“红色行星”。

探测历史

火星在史前时代就已经为人类所知。由于它被认为是太阳系中人类最好的住所（除地球外），所以它受到科幻小说家们的喜爱。

第一次对火星的探测是由“水手 4 号”飞行器在 1965 年进行的。人们接连又做了几次尝试，包括 1976 年的两艘“海盗号”飞行器。此后，经过长达 20 年的时间，在 1997 年 7 月 4 日，“火星探路者号”终于成功地登上火星。

火星的轨道是显著的椭圆形，因此，在接受太阳照射的地方，近日点和远日点之间的温差将近 30 摄氏度，这对火星的气候产生了巨大的影响。火星上的平均温度大约为 218 开（－55 摄氏度，－67 华氏度），但却具有从冬天的 140 开（－133 摄氏度，－207 华氏度）到夏日白天的将近 300 开（27 摄氏度，80 华氏度）的跨度。尽管火星比地球小得多，但它的表面积却相当于地球表面的陆地面积。

除地球外，火星是具有最多各种有趣地形的固态表面行星。火星的表面有很多年代已久的环形山，但是也有不少形成不久的山谷、山脊、小山及平原。

在火星的南半球，有着与月球上相似的曲形的环状高地。相反的，它的北半球大多由新近形成的低平的平原组成。这些平原的形成过程十分复杂。南北边界上出现几千米的巨大高度变化。形成南北地势巨大差异以及边界地区高度巨变的原因还不得而知（有人推测这是由于火星外层物增加的一瞬间产生的巨大作用力所形成的）。

如同水星和月球，火星也缺乏活跃的板块运动。没有迹象表明，火星发生过能造成像地球般如此多褶皱山系的地壳平移活动。由于没有横向的移动，在地壳下的巨热地带相对于地面处于静止状态。再加之地面的轻微引力，造成了 Tharis 凸起和巨大的火山。但是，人们却未发现火山最近有过活动的迹象。虽然火星可能曾发生过很多火山运动，可它看来从未有过任何板块运动。

火星上曾有过洪水，地面上也有一些小河道，十分清楚地证明了许多地方曾受到侵蚀。在过去，火星表面存在过干净的水，甚至可能有过大湖和海洋。但是这些东西看起来只存在了很短的时间，而且估计距今也有大约 40 亿年了。

在火星的早期，它与地球十分相似。像地球一样，火星上几乎所有的二氧化碳都被转化为含碳的岩石。但由于缺少地球的板块运动，火星无法使二氧化碳再次循环到它的大气中，从而无法产生意义重大的温室效应。因此，即使把它拉到与地球距太阳同等距离的位置，火星表面的温度仍比地球上的低得多。

火星的两极永久地被固态二氧化碳（干冰）覆盖着。这个冰罩的结构是层叠式的，它是由冰层与变化着的二氧化碳层轮流叠加而成的。在北部的夏天，二氧化碳完全升华，留下剩余的冰水层。由于南部的二氧化碳从没有完全消失过，所以我们无法知道在南部的冰层下是否也存在着冰水层。产生这种现象的原因还不知道，但或许是由于火星赤道面与其运行轨道之间的夹角的长期变化引起气候的变化造成的。或许在火星表面下较深处也有水存在。这种因季节变化而产生的两极覆盖层的变化，使火星的气压改变了25%左右（由“海盗号”测量出）。

火星的表面及自转

约在1559年，惠更斯从望远镜中看出火星表面的变化特性，并且为它画了一幅图。他所画出的特点到今日还能认出并且被认为是正确的。仔细观察这些细节可以使人们很容易看出，这颗行星绕轴自转一周约需比我们的一天略长一点（24小时37分）。

火星的自转周期比其他任何行星（地球除外）都算得更为精确。两百多年来火星都恪守这一周期自转，这时间和我们的一日如此相近，其相差只是多出37分钟，结果便是在连续的夜里的同一小时内，火星差不多是以同一面对着地球的。可是毕竟因为多出了一点，每天夜间要见它较前落后一点，因此，在40天后我们已见到它全面各部对着地球了。所有已知的火星表面情形都可在一幅图中表明——其明暗区域以及平常总可看见的包着它两极的白冠。当一极偏向我们因此也偏向太阳时，这白冠就逐渐减小，远离太阳时又加大。加大的情形是地上看不见的，但当它再现时却可看出比原先大了。火星北极冠直径1000千米至2000千米，厚度为4千米至6千米，扩展至北纬75度附近。各种已经发射的火星探测器发回的图像资料表明，火星上季节性的极冠是由大气中的二氧化碳凝结而成，而长年存在的极冠主要是由水冷凝而成，温度在70摄氏度至139摄氏度之间，由于二氧化碳随温度的变化而不断地气化和凝结，使得极冠的大小不断变化。极冠的大小随火星季节的变化而变化，在火星的冬季包围其极区，而夏季就全部或部分消融。

火星的运河

1877年，斯克亚巴列里发现了所谓“运河”。这是一些在这颗行星上纵横参差、比表面略微黑暗一点的条纹。在人类翻译史上，由于翻译失误而引起的误会恐怕以这次最甚了。斯克亚巴列里把这些条纹称作canale，这个单词在意大利文中的意思是水道，他这样称呼它们是因为当时认为火星表面上的黑暗区域都是海洋，这些连接海洋的路线就假定都有水，因而定名为水道。可是译成英文 cancel 之后，就有了“运河”的意思。这一小小的词义上的变动，让所有使用英语的人都以为这些就是火星居民的功绩，正像地上的运河是人类的工作成绩一样了。

关于这些“水道”，起初在天文学权威之间也有一些不同的意见。这是因为在地球上看起来，它们并不是平均一致的表面上的清晰条纹。火星上各处都有些明暗的不同，又都那么微弱而不清楚，从这一块到那一块之间又只有几乎不可察觉的亮度差异。因此，大都很难给它们画出一定的轮廓。把它们分辨出来已是极端的困难，在不同的光下，在我们大气不同的情形中，它们又都改变形貌，于是给它们画出的画就都大不相同了。在罗尼尔天文台的观测者所绘的图中，这些运河是细黑线；在斯克亚巴列里的图中，它们像是黯弱的宽阔地带，既不像罗尼尔天文台画的那样清楚，也不那样繁多。在这图中还有一点很有趣——在水道相交的地方都有圆点，好像圆形的湖一样。

火星有一个能很清楚看出的特色是一块大而黑的近乎圆形的斑点，点的周围则是白色的，这个大斑点被称为“太阳湖”，这是所有观测者都同意的。另一特色则是一块三角形的黑斑“大席尔蒂斯”，这是著名的物理学家惠更斯第一个画出来的。关于火星上“运河”的存在早已无疑义了。它们已经过许多天文学家的观测，并且有过很成功的摄影。大概说来，它们也许比早期观测者所看到的要宽阔一些，更不规则也更不精美一些。我们认为这些“运河”是火星上自然的（非人工的）景物。火星上曾有过洪水，这些河道十分清楚地证明了许多地方曾受到过侵蚀。

火星的表面于是就有了极有趣而又多变化的种种相貌了。在所有行星中（除了地球），它的表面是最适合用望远镜观测的。它呈现一片带红色的背景，使人想到荒漠的原野。在这背景上，可以看到一些蓝绿色大块——这是起先叫作“海”的，这名字一直延留至今，正像月亮上的“海”一样，虽然这两种“海”现在都无人认为它是有水的地方。连接这些“海”的是一些较狭的暗纹，就是“运河”，它的名字也随着“海”一同延续下来。

火星的四季

早期的观测认为，火星极冠区主要被冰雪覆盖，但是最近的观测认为，火星的大气比我们的地球要稀薄得多，那层薄薄的大气主要是由二氧化碳（95.3%）、氮气（2.7%）、氩气（1.6%）、微量的氧气（0.15%）和水汽（0.03%）组成的。最细心的观测告诉我们：火星大气中的云很少会遮蔽上面的景物。因为，只有在大气中水汽凝结时才会下雪，所以，火星的极区中不太可能下那么大的雪。即使能在火星极区中下雪，并且化去的雪量很少，积雪大概也只有几厘米深。

火星表面的平均大气压强大约仅为 700 帕斯卡（比地球上的 1% 还小），但它随着高度的变化而变化，在盆地的最深处可高达 900 帕斯卡，而在奥林匹斯山的顶端却只有 100 帕斯卡。但是它也足以支持偶尔席卷火星数十天之久的飓风和大风暴。火星那层薄薄的大气层虽然也能制造温室效应，但也只能提高其表面温度 5 摄氏度，比我们所知道的金星和地球的表面温度低得多。

1976 年，“海盗号”探测器接近火星，它发现火星的两极覆盖的物质主要是干冰，而不是积雪，因此否定了火星表面存在水的猜想（科学家们现在相信，干冰层的下面可能有冰水层）。那么，火星的四季是怎么形成的呢？当火星的一半球上春季渐过的时候，白色的极冠就逐渐减缩，这一半球的黑暗地方就更鲜明，绿色更重。当夏季渐过而极冠完全或差不多完全化去时，这些黑暗地方就很显然地衰落而变成褐色。关于这种季候变迁的早期看法是，是由于植物造成的——在火星上春季植物开始茂盛，而秋季来临就又死去。当然这种说法已被证明是错误的。火星上看似季候变迁的现象根本不是植物的表现。那究竟是什么原因呢？

科学家们开始把注意力集中到火星表面的土壤上。或许火星表层土壤是由粉红色的类似长石的矿物构成的，或许是由一种地球上所没有的矿物所构成的。有人推测，火星表层土壤是由一种性质类似塑料的低价碳氧化物所构成。美国普林斯顿大学的地质学家迪特·哈格雷夫斯认为火星的表层土壤是由绿高岭石构成。千百万年前火星上的火成岩与火星上一度存在的山相互作用，形成了一层绿高岭石外壳。当时不断有大量陨石穿过薄薄的二氧化碳大气层落在火星表面，陨石落下时的巨大冲击产生足够的热量，使火星表面某些区域的绿高岭石转变为红色的磁性矿物，而随后落下的陨石又将这些红色的磁性矿物击碎为细小的红色尘土，随风四散，分布到整个火星表面，从而使火星呈现红色的外观。

火星的卫星

火星的两颗卫星是 1877 年霍尔在海军天文台发现的。以前的观测未曾见到它们，是因为这两颗卫星异常的渺小。大概从没有人想到过卫星会那样小，因此，也没有人费神用高倍望远镜去细心寻觅。可是一旦发现以后，它们却绝不是难以看见的东西了。当然对它们观测的难易程度是要依靠火星在轨道中的位置以及相对我们地球的方位所决定的。在火星接近冲位的时候，有三四个月甚至六个月（依情形而定）的时间可以观测它们。大致说来，一架直径 30 厘米至 45 厘米的望远镜是必需的。看它们的困难完全是因为火星的光辉。如果能将这些光辉除去，从更小的望远镜中无疑也是可以看见的。因为这种光辉的缘故，外层的一颗较容易看见——虽然内层的那颗更为明亮。

霍尔把外层的卫星称作"火卫二"，内层的那颗称作"火卫一"。这两个都是古神话中"战神"的侍从。火卫一有一个特点，它与火星之间的距离是太阳系中所有的卫星与其主星的距离中最近的，从火星表面算起只有 6000 千米，它绕这颗行星旋转一周只用 7 小时 39 分，这比火星绕轴自转一次的时间的 1/3 还少。因此，在火星上看，最近的"月亮"出于西方而没于东方。火卫二的公转时间是 30 小时 18 分，这种迅速运动的结果便是在它一起一落之间要过去差不多两天。

在大小方面说来，这两颗卫星是我们在太阳系中看得见的最小的东西了（除了一些更暗弱的小行星）。光度的推测告诉我们火卫二的直径是 8 千米，火卫一的直径是 16 千米。

这两颗卫星的最大用处是使天文学家能够借以研究出火星的准确质量。这也证明了火星质量只有地球质量的 1/9。

5. 木星（Jupiter）

木星是太阳系从内向外的第五颗行星，亦为太阳系八大行星中体积最大、自转最快的行星。

基本数据

公转轨道：距太阳 778330000 千米（5.20 天文单位）

行星直径：142984 千米（赤道）

质量：1.900×10^{27}千克

基本信息

木星的质量为太阳的千分之一，但为太阳系八大行星中其他七大行星质量总和的 2.5 倍。木星与土星、天王星、海王星皆属气体行星，因此四者又合称为类木行星。2012 年 2 月 23 日科学家称发现木星的两颗新卫星，累计木星卫星达 66 颗。

木星是一个气体行星。气体行星没有实体表面，它们的气态物质密度随深度的加大而不断变大。我们所看到的通常是大气中云层的顶端，压强比 1 个大气压略高。

木星主要由 86% 的氢和 14% 的氦组成，中心温度大约高达 30500℃。木星的质量是地球的 317.89 倍，而体积则是地球的 1316 倍。古代西方一般称之为“朱庇特”，古代中国称之为“岁星”。

探测历史

木星是天空中第四亮的物体（次于太阳、月球和金星；但有时候火星更亮一些），早在史前，木星就已被人类所知晓。根据伽利略1610年对木星四颗卫星：木卫一、木卫二、木卫三和木卫四（现常被称作伽利略卫星）的观测，它们是不以地球为中心运转的第一个发现，也是支持哥白尼的日心说的有关行星运动的主要依据。

木星在1973年被探测器“先锋10号”首次拜访，后来又陆续被“先锋11号”、“旅行者1号”、“旅行者2号”和“Ulysses号”探测器访问。

木星向外辐射的能量，比起从太阳处接收到的要多。木星内部很热，内核处可能高达20000开。这些内部产生的热量可能很大地引发木星液体层的对流，并引起我们所见到的云顶的复杂移动过程。土星和海王星在这方面与木星类似。

木星可见的表面

在望远镜中所见的木星状貌同我们大气中所见的云一样多变。那上面常有延长的云层，其形成的原因也显然和我们大气中云层的来历一样——是由于空气的流动。在这些云中间，常可见到白色圆斑。那些云的颜色有时是淡红色的，尤其是近赤道的部分。在赤道南和北的纬度中部区域的云是最暗最清楚的。就是这两处的云在小望远镜中呈现两条黑带。

木星的外观几乎在每一点上都与火星大不相同，最显著的一点就是完全没有固定不变的外貌。火星图可以精确地画出来并且经一代代人的验证，可是要想画一幅永久的木星图却是完全不可能的。

虽然木星表面是这样的不稳定，却还有一些情形是经历了许多年一直没变的。其中，最可注意的就是约在 1878 年出现于这颗行星南半球的纬度中部的红色大斑点，而现在通常被天文学家称为“大红斑”。这个巨大的斑点在鼎盛时期，长 25000 千米，跨度 12000 千米，足以容纳两个地球，非常容易看到。10 年以后它开始消隐，有时仿佛完全消失了，但过些时候又重新明亮起来，这种变化一直持续至今。或许，将来这样的现象还将持续出现。人们认为大红斑是一个高压区，那里的云层顶端比周围地区高得多，也特别冷。在大红斑的下方还有一块白色的大斑点则是两百多年前被注意到的，现在还可以很清楚地被观测到。

木星的结构

木星的结构还是一个尚未解决的问题，还没有一种假说可以解释所有的事实。

木星的一个特点就是它的密度小。木星的直径约是地球的11倍，因此，它的体积要比地球大1300倍以上，但它的质量却只是地球的300倍多一点。所以，它的密度就一定不如地球了，事实是它的密度也只比水星大1/3。木星表面上的重力约为地球表面重力的2至3倍。在这样的引力之下，我们可以假定它的内部遭到极大的压缩，而那里的密度也比较大。如果它也是和地球表面一样由固体或液体物质构成，那我们上述的这些情形就一定可靠了。单从事实作结论，它的外层应该是由气状物质构成的。

除了这颗行星变幻莫测的形貌可以作为它有包围的大气的证据外，我们还有一个极可靠的证据来自它的自转规律——我们发现木星跟太阳有一点相同，它的赤道部分自转周期比北纬中部地方的自转周期短，虽然它绕的圈子更长，赤道附近与纬度中部的自转时间之差约为5分钟。这就是说，赤道部分在9小时50分钟内自转一周，纬度中部则要9小时55分钟才能自转一周。这就等于这两部分的速度的差约是每小时320千米。假如表面是液体或者是同体的，似乎绝不会有这种情形的——这一猜测已经被与苏梅克—列维9号彗星几乎同时接近木星的“伽利略号”木星探测器证实了。

木星由氢和氦及少量的甲烷、水、氨组成，这与形成整个太阳系的原始的太阳系星云的组成十分相似。来自

"伽利略号"的木星大气数据，只是探测到云层下150千米处的数据，所以说，关于木星内部结构的探测还很有限。目前的推测是：这颗行星有一固体的冷的中心核，相当于10至15个地球的质量，核的密度也许可以和地球或其他固体行星相比。内核上是大部分的行星物质集结地，以液态金属氢的形式存在。液态金属氢由离子化的质子与电子组成，类似于太阳的内部，不过温度低得多。木星内部压强大约为40亿帕斯卡。

木星的卫星

当伽利略第一次把他的小望远镜指向木星时，他高兴而惊讶地发现了它有四颗小小的伴侣。他一夜一夜地守望下去，发现它们都围绕着中心体转，正像行星绕太阳（值得注意的是，太阳中心说在当时是未被公认的学说）一样。这种与哥白尼的日心理论非常相似的结构很有力地支持了日心说。

这些小天体可以用普通的天文望远镜甚至廉价的玩具望远镜看见。有人甚至宣称曾经不借助任何工具，用肉眼就曾经成功地观测到了它们。如果没有木星的存在，它们一定是和肉眼所能看见的最小的星一样亮——但木星的光辉太强了，这才给肉眼观测这四颗木星卫星带来了困难。

虽然木星的4颗卫星都有名字，分别叫Io、Europa、

Ganymede、Callisto，但平常人们却依它们离行星的远近按顺序来称呼它们。木卫二比我们的月亮小一点，木卫一却较之稍大一号。木卫三、木卫四的直径有5100千米，比月亮约大50%，这是太阳系中最大的卫星，甚至比水星还要大。可是由于它们离太阳的距离比日月距离远了5倍，4颗星联合起来照在木星上的光还没有地球上月光的1/3，并且和月亮永远以一面对着地球类似，这些卫星也都永远以同一半球对着木星，换句话说，它们自转与公转的周期相等。

1892年以前大家只知道这四颗卫星，后来巴纳德在里克天文台发现了第五颗，比前四颗更接近木星，也更暗淡得多。它在不到12小时的时间内就绕木星一周，这是除了火星内层卫星外已知的最短公转周期，但这还是比木星的自转周期长一点。而原先四颗卫星中最内层的一颗，也就是木卫一，它的公转周期是1天又18.5小时，而最外层一颗则要差不多17天才能环绕木星一周。

木星的第六颗、第七颗卫星是1904年、1905年由佩林在里克天文台发现的。两者离行星的平均距离差不多都是1100千米以上，公转周期约在8至9个月之间。紧接着又发现了另外更远的一对卫星，卫星总数达到9颗。木卫八是1908年由梅洛特在格林尼治天文台发现的，木卫九是1914年由尼科尔森在里克天文台发现的。它们两个到行星的距离约 2400 万千米至 3200 万千米，公转周期都超过了两年。这两颗卫星除了在所有太阳系的卫星中离它们的主星最远外，还有一点与该系中大部分成员不同，就是它们自东往西旋转。

木星卫星中较外层的四颗轨道偏心率都比较内层的大。这些卫星都很小，直径仅有约 160 千米或许还小得多，因此，只能用高倍望远镜才能看见。有人以为它们的来历与内层卫星不同。有不少天文学家认为，它们也许是被木星的巨大引力捕捉到的小行星或彗星，就和苏梅克—列维 9 号一样。

这四颗明亮的卫星在环绕木星旋转时有许多很有趣的现象，我们可以用小型望远镜观测到，这就是它们的“蚀”和“凌”。当然木星也和其他不透明体一样是有影子的。这些卫星环绕木星在经过木星那一边的途中几乎是必定要从阴影中经过的（木卫四和更远的卫星有时是例外）。当一颗卫星进阴影的时候，它将渐渐黯淡，终于完全消失。

因为同样的原因，当这些卫星绕到木星这一边时，往往会从木星圆面上经过。一般定律是，当一颗卫星刚开始侵犯木星时，它看起来比木星更亮——这是因为木星的边缘较暗。可是当接近中央部分时，看起来则又没有后面背景亮了。当然这不是因为卫星的亮度有变化，只是因为木星的中央部分比边界更明亮。

同样有趣的是卫星的影子，在这种情形下常可见到这些影子投射在木星上，看起来像一粒黑点伴随着卫星经过。

木星卫星的种种现象都在航海历书中有预报。因此，一个观测者可以很清楚地知道何时能观测到“星食”或“凌星”。

木星的光环

木星光环的发现在意料之外，只是由于“旅行者 1 号”的两位科学家一再坚持探测器在航行 10 亿千米后，应该去顺路看一下木星是否有光环存在，于是意外地发现了木星的光环。后来地面上的望远镜也拍摄到了这一光环。木星的光环较暗（反照率为 5%），它们由许多粒状的岩石材料组成。由于大气层和磁场的作用，木星光环中的粒子可能并不稳定地存在。这样一来，如果光环要保持形状，它们要被不停地补充粒子。两颗处在光环中公转的小卫星——木卫十六和木卫十七显然是光环资源的最佳候选处。

6. 土星（Saturn）

土星是离太阳第六近的行星，也是太阳系八大行星中的第二大行星。

基本数据

公转轨道：距太阳 1429400000 千米（9.54 天文单位）

行星直径：120536 千米（赤道）

质量：5.68×10^{26}千克

名称来源

在古罗马神话中，土星是农神的名称。古希腊神话中的农神 Cronus 是 Uranus（天王星）和盖亚的儿子，也是宙斯（木星）的父亲。土星也是英语中“星期六”（Saturday）的词根。

探测历史

土星在史前就被发现了。伽利略在 1610 年第一次通过望远镜观测到它，并记录下它的奇怪运行轨迹，但也被它弄糊涂了。早期对于土星的观测十分复杂，这是由于当土星在它的轨道上时，每过几年，地球就要穿过土星光环所在的平面。直到 1659 年惠更斯正确地推断出光环的几何形状。在 1977 年以前，土星的光环一直被认为是太阳系中唯一存在的。但在 1977 年，在天王星周围发现了暗淡的光环，在这以后不久木星和海王星周围也发现了光环。

探测器“先锋 11 号”在 1979 年首先去过土星周围，同年土星又被“旅行家 1 号”和“旅行家 2 号”探测器访问。卡西尼飞行器在 2004 年到达土星。

土星是最疏松的一颗行星，它的比重比水的比重还要小。与木星一样，土星也是由氢和氦以及少量的水、甲烷、氨气和一些类似岩石的物质组成。这样的组成类似形成太阳系的原始星云的组成。

土星内部和木星一样，有一个岩石核心，一个具有金属性的液态氢层和一个氢分子层，同时还存在少量的各式各样的冰。

土星的内部是剧热的，并且土星向宇宙发出的能量比它从太阳获得的能量还要大。

像其他类木行星一样，土星有一个极有意义的磁场区。

在无尽的夜空中，土星很容易被眼睛看到。尽管它可能不如木星那么明亮，但是它很容易被认出是一颗行星，因为它不会像恒星那样“闪烁”。其光环以及它的卫星通过一架小型业余天文望远镜就能观察到。

土星的物理结构

土星的物理构成跟它的邻居木星有很多相似点。它们也同样以密度之小而引起注意，土星甚至比水星的密度还要小。还有一点相近的就是自转迅速。土星绕轴自转一周约需 10 小时 14 分，比木星自转周期略长一点。土星表面也好像为云状物所变幻，很像木星，但较暗弱，因此不能看得同样清楚。

我们说过的关于木星密度之小的大概起因也可同样用在土星上。大概是这颗行星有一个较小但质量较大的中心核，周围被极厚的大气蒙蔽，而我们所见的只是这些大气的外层而已。

土星光环的各种变化

巴黎天文台创立于1666年，是路易十四王朝时期法国一大科学部门。卡西尼就是在那儿发现了土星光环的环缝，知道了光环实际分为两道，一道在外，一道在内，却同在一个平面上。外层光环似乎又可以一分为二，发现这一道环缝的是恩克，因此，称作恩克环缝。它绝没有卡西尼环缝那样清晰，只是一道轻影而已。

土星光环向土星轨道平面倾斜约27度，并且当土星绕太阳公转时仍保持着在空间的方向不变。

比起土星来，地球离太阳简直太近了，竟使我们观测土星光环时差不多和从太阳上望去一样。有15年的时间我们可以看见光环的北面，在这时期的第七个年头，我们可以看到它在最大角度上。年复一年过去，角度越来越小，光环也开始以边的方向对着我们，最后竟缩成一道横过土星的线，最后完全消失不见。以后又渐渐展开，开始展现光环的南面，再过15年再合上。如此周而复始30年一个轮回。

当我们有了这些光环真实形状的概念后就不难明白它们给我们的印象。这些光环在我们的角度看来是永远偏斜着的，却绝不超出27度角。光环倾角愈大，对于观测者来说，观察起来就越清晰，也是观察环缝与暗环的最佳时机。

光环的本质

当大家公认我们在地球上研究所得的牛顿力学定律也统治着天体运动时，土星光环又引出了一个谜。是什么使这些光环保持其位置的呢？又是什么使土星不奔向内环而闹得“翻云覆雨”毁掉整个美丽的结构呢？在观测证据还未得到时，大家已明白光环绝不是像看起来那样连成一片的了。它们在土星巨大的吸潮力之下决不能保持联系，而是由一些类似卫星的环绕行星的小物体构成的。很明显，这种见解一定会被承认，可是在很长一段时期内，却一直得不到观测的证据。一直等到基勒用分光仪观测土星时，才发现当光环的光散成光谱时，暗光谱线会发生一些移动。这表明光环各部分是以不同角速度环绕土星的——最外层绕行角速度最慢，越往里角速度越快，一直增加到最内层，而每个点的速度，都等于该处有卫星时那颗卫星的速度，所以我们完全可以由这个证据判定，土星的光环是由许多非常小的碎片组成的。但是土星（以及其他类木行星）的光环的由来还不清楚，尽管它们可能自形成时就有光环，但是光环系统是不稳定的，它们可能在前进过程中不断更新，也可能是比较大的卫星的碎片。

土星的卫星

除了光环以外，土星还有62颗卫星，也具有卫星众多之优越地位。它们的大小以及离土星的远近都不相同，其中之一叫“泰坦”（即土卫六，Titan），可以用小望远镜看到，至于最小的只有在极高倍的望远镜中才可看到。

“泰坦”是惠更斯想弄明白土星光环本质的时候，碰巧发现的。其中的一个故事是从惠更斯的通信文集公开后大家才知道的。这位天文学家依照当时的习惯，想保障他的发现的优先权而不让别人知道，就把这一发现隐藏在一个谜语里，这个谜语也是一些字母，排好了时可以隐晦地告诉读者土星的伴侣在15日内环绕土星一周。惠更斯把这个谜语送了一份给英国著名天文学家沃利斯。沃利斯给惠更斯答复，除谢谢他的关心之外，还说他自己也有些话要说。因此，也给了一些比惠更斯所给的更长的字母，当惠更斯将自己的谜语向沃利斯解释了以后，他得到的沃利斯的答复却大吃一惊，因为沃利斯的谜语解释的一切正是与自己相同的发现，不过是用词不同而且长些罢了。直到后来才知道，原来是这位专门摆弄数字的沃利斯想告诉惠更斯，靠这类谜语隐藏结论毫无意义，因而在看明白了谜意后，自己造了一个同样意思的谜语给惠更斯而已。

值得一提的是，“泰坦”近年来越来越受到科学家的重视，原因是在那颗卫星上有一个值得注意的大气层。在地表，它的压力大于 15 万帕斯卡（比地球的高 50%），主要由分子氮组成（就像地球的组成），另外仅有 6% 的氩气和一些甲烷，十分有趣的是，还掺杂微量的其他有机化合物（比如乙烷、氢氰酸、二氧化碳）。这样的结果是类似于在大城市上空发现的烟雾，但要更厚。在许多方面，这类似于地球历史上生命开始出现的早期的条件。

1655 年，惠更斯宣布了土星卫星泰坦的发现以后，就庆贺土星卫星的发现完成了。但在以后 30 年中卡西尼发现了四颗土星卫星。以后又过了 100 年，伟大的赫歇耳又发现了两颗。第八颗在 1848 年经邦德在哈佛天文台发现，第九颗在 1898 年经皮克林发现。

伴随着的是公转周期之间有趣的关系——土卫三的周期几乎恰好是第一颗的两倍，而第四颗又几乎是第二颗的两倍。还有，“泰坦”周期的四倍几乎正好是“海勃利安”周期的三倍。

7. 天王星（Uranus）

天王星是太阳系八大行星中离太阳第七近的行星，从体积来看，是太阳系八大行星中第三大行星。天王星的体积比海王星大，质量却比其小。

基本数据

公转轨道：距太阳2870990000千米（19.218天文单位）

行星直径：51118千米（赤道）

质量：8.683×10^{25}千克

基本信息

天王星是太阳系八大行星之一，是太阳系由内向外的第七颗行星。1781年由英国天文学家威廉·赫歇耳发现。公转周期84.32年，自转周期17时14分24秒，为顺时针自转。有磁场、光环和27颗卫星。

天王星是由威廉·赫歇尔通过望远镜系统地搜寻，在1781年3月13日发现的，它是现代发现的第一颗行星。

如同其他的巨行星，天王星也有环系统、磁层和许多卫星。但天王星的环系统在行星中非常独特，因为它的自转轴斜向一边，几乎就躺在公转太阳的轨道平面上，因而南极和北极也躺在其他行星的赤道位置上。从地球上看，天王星的环像是环绕着标靶的圆环，它的卫星则像环绕着钟的指针（虽然在2007年与2008年该环看来近乎水平）。在1986年，来自太空探测器“航海家2号”的影像资料显示，天王星实际上是一颗平淡无奇的行星，在其可见光的影像中没有出现像其他巨行星所拥有的云彩或风暴。然而，随着天王星接近昼夜平分点，地球上的观测者发现天王星有季节变化的迹象和渐增的天气活动。天王星上的风速可以达到每秒 250 米。

探测历史

只有一艘行星际探测器曾到过天王星，那次“访问”是在 1986 年 1 月 24 日由“旅行者 2 号”完成的。

大多数的行星总是围绕着几乎与黄道面垂直的轴线自转，可天王星的轴线却几乎平行于黄道面。在“旅行者 2 号”探测的那段时间里，天王星的南极几乎是接受太阳直射的。这一奇特的事实表明天王星两极地区所得到来自太阳的能量比其赤道地区所得到的要多。然而天王星的赤道地区仍比两极地区热，这其中的原因还不为人知。

8. 海王星（Neptune）

海王星是太阳系八大行星中离太阳最远的一颗行星，是围绕太阳公转的第四大天体（体积上）。海王星的直径小于天王星，但质量大于体积比它大的天王星，大约是地球的 17 倍，而与海王星类似双胞胎的天王星因密度较低，质量大约是地球的 14 倍。

海王星的大气层以氢和氦为主，还有微量的甲烷，大气层中的甲烷是使行星呈现蓝色的一部分原因。海王星有太阳系最强烈的风，测量到的风速高达每小时2100 千米。海王星云顶的温度是零下 218 摄氏度（55 开），因为距离太阳最远，是太阳系最冷的地区之一。海王星核心的温度约为7000摄氏度，可以和太阳的表面相比，也和大多数已知的行星相似。

海王星在1846年9月23日被发现，是唯一利用数学预测而非有计划地观测发现的行星。天文学家利用天王星轨道的摄动推测出海王星的存在与可能的位置。迄今为止，只有“航海家2号”探测器曾经在1989年8月25日拜访过海王星。

海王星大气层大约85%是氢气，13%是氦气，2%是甲烷，除此之外还有少量氨气。因为海王星的蓝色比有同样分量的天王星更为鲜艳，因此应该还有其他成分对海王星明显的颜色有所贡献。

1989年，探测器“航海家2号”飞掠过海王星，对南半球的大黑斑和木星的大红斑作了比较。和大多数已知的行星相似，海王星可能有一个固态的核，其表面可能覆盖有一层冰。此外，海王星有磁场和极光。还有因甲烷受太阳照射而产生的烟雾。

9. 冥王星（Pluto）

历史上曾经认为，冥王星是离太阳最远而且是最小的行星，在古希腊神话中象征冥王哈迪斯，是宙斯的哥哥，被弟弟夺去王位后，堕落到冥界。

基本数据

公转轨道：离太阳的平均距离是 5913520000 千米（39.5 天文单位）

行星直径：2300 千米

质量：1.29×10^{22}千克

被降级的行星

在 2006 年 8 月 24 日国际天文学联合会大会召开之后，经过投票表决，冥王星被降级为矮行星，至此太阳系只剩下八颗行星。“九大行星”的说法已经成为历史，取而代之的是“八大行星”。

冥王星被“踢”出行星行列。不过有失亦有得，冥王星的戏剧性命运又为它在语言学史上赢得了一席之地。

冥王星的“降级”引发了全美人民对冥王星的深深同情，原本只有名词含义的“Pluto”（冥王星）一词被语言学家们赋予了动词含义，用来表示“使某人或某物降级或贬值”。而“Pluto”的过去式“Plutoed”也因此具有了“被降级、被贬”的含义。

冥王星于 1930 年由美国天文学家克莱德汤博发现。其先前之所以能被划入行星之列，是因为人们最初曾误认为其尺寸与地球相当。但事实上，冥王星比“八大行星”都要小得多，其直径仅为 2300 千米左右，比地球的卫星还小。它的轨道也非常特别，与其他八颗行星运转的轨道有一个角度。